आत्म संघर्ष: खुद से जंग और जीत की राह

मंजू यादव

INDIA • SINGAPORE • MALAYSIA

ISBN 979-8-xxxxx-xxx-x

विषय सूची

आभार

यह पुस्तक, "आत्मसंघर्ष: खुद से जंग और जीत की राह", जीवन के उन अनुभवों का एक संग्रह है जो आत्मसंघर्ष के दौरान महसूस होते हैं। इस यात्रा में मेरा साथ देने वाले सभी लोगों का आभार व्यक्त करना मेरा प्रथम कर्तव्य है। सर्वप्रथम, मैं अपने माता-पिता का हृदय से आभार प्रकट करती हूँ जिन्होंने मुझे जीवन के हर मोड़ पर प्रोत्साहित किया और वो हमेशा मेरे हृदय में मेरे मार्गदर्शक हैं। उनके आशीर्वाद और स्नेह के बिना जीवन में कुछ भी संभव नहीं।

मेरे परिवार के सभी सदस्यों का भी मैं तहे दिल से शुक्रिया अदा करती हूँ जिन्होंने मुझे हमेशा प्रेरित किया और मेरा साथ दिया।

इस पुस्तक को लिखने के दौरान मुझे बच्चों से भी बहुत प्रेरणा मिली। सभी बच्चों का धन्यवाद जिन्होंने अनजाने में ही इस पुस्तक को आकार देने में योगदान दिया।

मेरे सभी मित्रों का भी आभार जिन्होंने सुख-दुःख में मेरा साथ दिया और मुझे हमेशा प्रोत्साहित किया।

सबसे बढ़कर, मैं ईश्वर का आभार व्यक्त करती हूँ जिन्होंने मुझे यह जीवन और इस पुस्तक को लिखने की क्षमता प्रदान की। अंत में, मैं नोशन प्रेस का धन्यवाद करती हूँ

जिन्होंने मेरे विचारों को को इस पुस्तक के रूप में प्रकाशित किया और इसे पाठकों तक पहुँचाने में मदद की। आशा है कि यह पुस्तक पाठकों को आत्मसंघर्ष में जीत हासिल करने में मददगार साबित होगी।

धन्यवाद।

पुस्तकालय संरक्षक

श्रीमती मंजू यादव

राव बीरेंद्र सिंह कॉलेज ऑफ एजुकेशन, रेवाड़ी, हरियाणा

1. आत्म संघर्ष की पहचान

जीवन एक यात्रा है, और इस यात्रा में हम सभी को कभी न कभी आत्म संघर्ष का सामना करना पड़ता है। यह एक ऐसा दौर होता है जब हम अपने अंदर के द्वंद्वों, मन की उलझनों और मुश्किल हालातों से जूझ रहे होते हैं। जैसे सागर में उठती हुई लहरें, नदी में कोई भँवर, रेगिस्तान में उठता हुआ हवा का बवंडर या हमारे मन में चल रही उथल-पुथल। आत्म संघर्ष हमें अशांत कर देता है, हमारा मन विचलित हो जाता है, और हम खुद को खोया हुआ महसूस करते हैं। लेकिन घबराइए नहीं, आत्म संघर्ष जीवन का एक अभिन्न अंग है। यह हमें मजबूत बनाता है, हमें खुद को बेहतर तरीके से समझने में मदद करता है, और हमें जीवन के प्रति एक नया दृष्टिकोण देता है। आइए, हम आत्म संघर्ष को पहचानना सीखें, उसके लक्षणों को समझें, और उसके विभिन्न प्रकारों पर विचार करें।

आत्म संघर्ष क्या है?

आत्म संघर्ष हमारे अंदर चल रही एक लड़ाई है। यह हमारे विचारों, भावनाओं, और इच्छाओं के बीच का टकराव है। यह तब होता है जब हम खुद को एक चौराहे पर पाते हैं, और हम यह तय नहीं कर पाते हैं कि किस रास्ते पर चलना है।

आत्म संघर्ष के उदाहरण:

किशोरावस्था:

⌘ **पहचान की तलाश:** मैं कौन हूँ? मेरी क्या खासियत है?

⌘ **दोस्ती और प्यार:** क्या मुझे स्वीकार किया जाएगा?

⌘ **भविष्य की चिंता:** मैं क्या बनूँगा? क्या मैं सफल हो पाऊँगा?

⌘ **परिवार से मतभेद:** माँ-बाप क्यों नहीं समझते?

⌘ **शरीर में बदलाव:** ये सब मेरे साथ क्यों हो रहा है?

वयस्क जीवन:

⌘ **करियर का दबाव: क्या** मैं सही काम कर रहा/रही हूँ?

⌘ **रिश्तों की उलझनें:** क्या मैं अपने परिवार को खुश रख पा रहा/रही हूँ?

⌘ **आर्थिक तंगी:** पैसों की चिंता कब खत्म होगी?

⌘ **समाज की अपेक्षाएं:** क्या मैं दूसरों की नज़रों में सही हूँ?

⌘ **अस्तित्व का संकट:** जीवन का क्या मतलब है?

वृद्धावस्था:

⌘ **अकेलापन:** अब कौन मेरे साथ है?

⌘ **बीमारी और कमज़ोरी:** क्या मैं अब पहले जैसा नहीं रहा/रही?

⌘ **मौत का डर:** आगे क्या होगा?

⌘ **जीवन का मूल्यांकन:** मैंने क्या हासिल किया?

⌘ **अधूरे सपने:** काश, मैं वो कर पाता...

आत्म संघर्ष के लक्षण:

♣ **मन में बेचैनी और अशांति:** आपका मन लगातार विचलित रहता है और आप किसी भी काम में ध्यान नहीं लगा पाते।

♣ **निराशा और हताशा,निर्णय लेने में कठिनाई:** आप उदास और निराश महसूस करते हैं, और आपको लगता है कि आप कुछ भी नहीं कर सकते।

♣ **चिड़चिड़ापन और गुस्सा:** आप छोटी-छोटी बातों पर चिढ़ जाते हैं और गुस्सा करते हैं।

♣ **नींद न आना:** आपको रात में नींद नहीं आती और आप बेचैन रहते हैं।

♣ **भूख न लगना:** आपको खाना खाने की इच्छा नहीं होती और आपका वजन कम हो सकता है।

♣ **एकाग्रता में कमी:** आप किसी भी काम में ध्यान नहीं लगा पाते और आपकी याददाश्त कमजोर हो सकती है।

- **शारीरिक समस्याएं:** आपको सिरदर्द, पेट दर्द, या अन्य शारीरिक समस्याएं हो सकती हैं।
- **नकारात्मक विचार, आत्मविश्वास की कमी:** आपके मन में नकारात्मक विचार आते रहते हैं और आप खुद को दोष देते रहते हैं।
- **अकेलापन महसूस करना:** आप खुद को अकेला और दूसरों से कटा हुआ महसूस करते हैं।
- **आत्महत्या के विचार:** कुछ मामलों में, आत्म संघर्ष इतना गंभीर हो सकता है कि व्यक्ति आत्महत्या के बारे में सोचने लगता है।

आत्म संघर्ष के प्रकार:

आंतरिक द्‌वंद्‌व: क्या सही है, क्या गलत? क्या करना चाहिए, क्या नहीं? यह हमारे अंदर चल रहा/रही संघर्ष है। यह हमारे विचारों, भावनाओं, और इच्छाओं के बीच का टकराव है। आंतरिक द्‌वंद्‌व के उदाहरण:

1. **ईमानदारी बनाम लालच:** मन कहता है कि सच बोलो, पर परिस्थिति लालच करने पर मजबूर कर रही है। जैसे, परीक्षा में नकल करने का लालच।
2. **प्यार बनाम स्वार्थ:** किसी की मदद करना चाहते हैं, पर अपना नुकसान होने का डर है।
3. **आदर्श बनाम वास्तविकता:** जीवन में कुछ आदर्श हैं, पर दुनिया की सच्चाई कुछ और ही दिखाती है। जैसे, ईमानदारी से जीना चाहते हैं, पर भ्रष्टाचार के बिना काम नहीं चलता।
4. **आत्मविश्वास बनाम संदेह:** कुछ नया करना चाहते हैं, पर खुद पर भरोसा नहीं है। जैसे, नई नौकरी शुरू करने का मन है, पर डर लगता है कि कहीं असफल न हो जाऊँ।
5. **कर्तव्य बनाम इच्छा:** अपना कर्तव्य निभाना चाहते हैं, पर मन कुछ और ही करने को करता है। जैसे, माँ-बाप की सेवा करना चाहते हैं, पर अपने दोस्तों के साथ घूमने का भी मन करता है।

बाहरी दबाव: समाज, परिवार या दोस्तों की अपेक्षाएं। यह संघर्ष बाहरी कारकों के कारण होता है। यह समाज, परिवार या दोस्तों के दबाव के कारण हो सकता है। बाहरी दबाव के उदाहरण:

1. **सामाजिक दबाव:** समाज के बनाए नियमों और मान्यताओं का दबाव। जैसे, लड़कियों पर सुंदरता का दबाव, आज्ञाकारी बेटी/बहू बनने का दबाव, करियर vs परिवार का दबाव (कैरियर भी बनाना है और परिवार भी संभालना है) आदि। इसी प्रकार, लड़कों पर हमेशा मजबूत बने रहने या ताकतवर दिखने और दिखाने का दबाव, परिवार की आर्थिक ज़िम्मेदारी उठाने का दबाव, लड़कों को दबंग और आक्रामक होने के लिए प्रोत्साहित किया जाता है जिससे वे दबाव में रहते हैं।, अपनी भावनाओं को ज़ाहिर नहीं करना, हमेशा कठोर दिखना चाहिए समाज की अवधारणा है जो उन्हें दबाव में रखती है। ऐसी अनेक (कुछ सही और कुछ बेतुकी) बातें हैं जो लड़के और लड़कियों को सामाजिक दबाव में रखती हैं। ।
2. **पारिवारिक दबाव:** परिवार की अपेक्षाओं का दबाव। जैसे, माँ-बाप के चुने हुए करियर में जाने का दबाव, या फिर रिश्तेदारों के सामने 'अच्छा बच्चा' बनने का दबाव।
3. **समूह का दबाव:** दोस्तों या सहकर्मियों के दबाव में आकर कुछ ऐसा करना जो आप नहीं करना चाहते। जैसे, सिगरेट पीना, या फिर किसी को धमकाना।
4. **प्रतिस्पर्धा का दबाव:** दूसरों से बेहतर बनने का दबाव। जैसे, परीक्षा में सबसे ज़्यादा नंबर लाने का दबाव, या फिर दौड़ में पहले आने का दबाव।
5. **आर्थिक दबाव:** पैसे कमाने और आर्थिक रूप से सुरक्षित रहने का दबाव। जैसे, ज़्यादा पैसे कमाने के लिए अपनी पसंद की नौकरी छोड़ना, या फिर अधिक धन कमाने के लिए अतिरिक्त काम करना।

यह याद रखना महत्वपूर्ण है कि आत्म संघर्ष एक सामान्य मानवीय अनुभव है। हम सभी को अपने जीवन में कभी न कभी इसका सामना करना पड़ता है। महत्वपूर्ण बात यह है कि हम इससे कैसे निपटते हैं। अगले अध्याय में, हम आत्म संघर्ष से निपटने के कुछ तरीकों पर चर्चा करेंगे।

ध्यान रखें: यदि आप आत्म संघर्ष से जूझ रहे हैं, तो कृपया किसी विश्वसनीय व्यक्ति से बात करें या किसी मानसिक स्वास्थ्य पेशेवर से मदद लें। आप अकेले नहीं हैं। आत्म संघर्ष की स्थिति में याद रखना हमारा सकारात्मक दृष्टिकोण ही है

जो हमें हमेशा आगे बढ़ने और जीवन की इज़्ज़त करने के लिए प्रेरित रखता है और जो जीवन की इज़्ज़त करते हैं, आत्म संघर्ष में सकारात्मक दृष्टिकोण रखते हैं, जीवन भी आने वाले समय समय पर उन्हें खुशियों के पड़ाव भेंट करता है। इसलिए हमेशा आत्म संघर्ष के दिनों में भी ये महसूस करना कि मुझे चलते जाना है और वर्तमान में हर हालात में अपना सही से फर्ज़ निभाना है, यही सकारात्मक सोच होती है। आइए इसे एक कहानी के माध्यम से समझें:

एक दिन, शहर के बीचों-बीच स्थित कुएँ पर दो बाल्टियाँ मिलीं। उनमें से एक बाल्टी उदास और निराश थी।

"क्या हुआ?" दूसरी बाल्टी ने चिंतित होकर पूछा।

"मैं अब और नहीं सह सकती," उदास बाल्टी ने कहा। "हर दिन इस कुएँ तक घसीटे जाने से मैं बहुत थक गई हूँ। मैं यहाँ से कितनी भी भरी हुई क्यों न जाऊँ; मैं हमेशा पूरी तरह खाली होकर यहाँ वापस आ जाती हूँ। मुझे यह बहुत निराशाजनक लगता है।"

"अगर तुम इसे इस तरह से देखोगी, तो ज़ाहिर है कि तुम उदास रहोगी," दूसरी बाल्टी ने कहा। "जिस तरह से मैं इसे देखती हूँ, वह यह है कि मैं यहाँ कितनी भी खाली क्यों न आऊँ, मैं हमेशा यहाँ से पूरी तरह भरी हुई निकलती हूँ। मुझे यह बहुत उत्साहजनक लगता है!"

"तुम अपने जीवन में होने वाली हर चीज़ पर कैसी प्रतिक्रिया देने का चुनाव करते हो, इसके लिए तुम 100% ज़िम्मेदार हो।"

यह कहानी हमें दृष्टिकोण के महत्व को समझाती है। जीवन में हमेशा उतार-चढ़ाव आते रहेंगे, लेकिन हम उन परिस्थितियों को किस नज़रिये से देखते हैं, यह हमारे हाथ में होता है। उदास बाल्टी हमेशा अपनी खालीपन पर ध्यान दे रही थी, जबकि दूसरी बाल्टी अपनी परिपूर्णता पर।

ठीक इसी तरह, हम भी जीवन में नकारात्मकता पर ध्यान केंद्रित कर सकते हैं या सकारात्मकता को अपना सकते हैं। यह कहानी हमें याद दिलाती है कि हमारे विचार हमारे अनुभवों को आकार देते हैं। अगर हम सकारात्मक दृष्टिकोण रखेंगे, तो हम चुनौतियों का सामना करने के लिए प्रेरित होंगे और जीवन में खुशी पाएंगे।

2. मन की कार्य प्रणाली

मन कैसे काम करता है?

हमारा मन एक बंदर की तरह होता है, जो हर समय उछलता-कूदता रहता है। कभी यह खुशियों के पेड़ पर झूलता है, तो कभी चिंताओं की डालियों पर लटक जाता है। इसे एक रेडियो स्टेशन की तरह भी समझ सकते हैं, जहाँ अलग-अलग विचार अलग-अलग फ्रीक्वेंसी पर प्रसारित होते रहते हैं। हमारे मन में हर पल तरह-तरह के विचार आते-जाते रहते हैं। कुछ विचार अच्छे होते हैं, कुछ बुरे। कुछ विचार हमें आगे बढ़ने की प्रेरणा देते हैं, तो कुछ हमें पीछे खींचते हैं। यह हम पर निर्भर करता है कि हम किन विचारों को महत्व देते हैं हमारे विचार हमारे जीवन को बहुत प्रभावित करते हैं। जैसे एक छोटा सा बीज बड़ा होकर पेड़ बन जाता है, वैसे ही एक छोटा सा विचार हमारे जीवन में बड़ा बदलाव ला सकता है।

सकारात्मक सोच: जीवन का उजाला

सकारात्मक सोच जीवन में खुशियों के द्वार खोलती है। यह हमें चुनौतियों का सामना करने की हिम्मत देती है और सफलता की राह दिखाती है। आइए, सकारात्मक सोच के कुछ उदाहरण देखें:

- "मैं यह कर सकता/सकती हूँ!" (जब मुझे कोई मुश्किल काम दिया गया)
- "आज का दिन बहुत अच्छा रहेगा।" (सुबह उठते ही)
- "मुझे अपनी गलतियों से सीखना चाहिए।" (गलती करने पर)
- "हर समस्या का हल ज़रूर होता है।" (मुश्किल समय में)
- "मैं अपने आप पर गर्व करता/करती हूँ।" (कोई काम पूरा करने पर)
- "मैं दूसरों की मदद करके खुश रहूँगा/रहूँगी।" (किसी की मदद करते समय)
- "मैं अपने सपनों को पूरा करूँगा/करूँगी।" (अपने लक्ष्य के बारे में सोचते हुए)
- "मैं स्वस्थ और खुश रहूँगा/रहूँगी।" (अपनी सेहत के बारे में सोचते हुए)

- "जीवन सुंदर है।" (प्रकृति की सुंदरता देखते हुए)
- "मैं हर दिन कुछ नया सीखूँगा/सीखूँगी।" (नए ज्ञान की तलाश में)
- "मैं अपने डर पर विजय प्राप्त करूँगा/करूँगी।" (किसी चुनौती का सामना करते हुए)
- "मैं क्षमाशील बनूँगा/बनूँगी।" (किसी से गलती होने पर)
- "मैं आभारी रहूँगा/रहूँगी।" (जीवन में मिली सुविधाओं के लिए)
- "मैं धैर्य रखूँगा/रखूँगी।" (किसी काम के पूरा होने का इंतज़ार करते हुए)
- "मैं ईमानदार रहूँगा/रहूँगी।" (हर स्थिति में)
- "मैं मेहनती बनूँगा/बनूँगी।" (अपने लक्ष्य को हासिल करने के लिए)
- "मैं सकारात्मक लोगों के साथ रहूँगा/रहूँगी।" (अच्छी संगति में रहने के लिए)
- "मैं अपनी तुलना दूसरों से नहीं करूँगा/करूँगी।" (अपनी खुशी के लिए)
- "मैं अपने जीवन का आनंद लूँगा/लूँगी।" (हर पल को जीने के लिए)

नकारात्मक सोच: अँधेरे की ओर

नकारात्मक सोच जीवन में निराशा और असफलता का कारण बनती है। यह हमें आगे बढ़ने से रोकती है और हमारे आत्मविश्वास को कमज़ोर करती है। आइए, नकारात्मक सोच के कुछ उदाहरण देखें:

- "मैं यह नहीं कर सकता/सकती।" (कोई काम शुरू करने से पहले ही)
- "आज का दिन खराब जाएगा।" (सुबह उठते ही)
- "मैं कितना/कितनी बेकार हूँ।" (गलती करने पर)
- "मेरे साथ ही ऐसा क्यों होता है?" (मुश्किल समय में)
- "मुझे कुछ नहीं आता।" (नया काम सीखते समय)
- "कोई मेरी परवाह नहीं करता।" (अकेला महसूस करते हुए)
- "मेरे सपने कभी पूरे नहीं होंगे।" (अपने लक्ष्य के बारे में सोचते हुए)
- "मैं हमेशा बीमार रहता/रहती हूँ।" (अपनी सेहत के बारे में सोचते हुए)
- "मेरा कोई दोस्त नहीं है।" (अकेलापन महसूस करते हुए)

- "जीवन में कोई खुशी नहीं है।" (निराश महसूस करते हुए)
- "मैं बदल नहीं सकता/सकती।" (अपनी कमियों को सुधारने की कोशिश न करते हुए)
- "मुझे सब कुछ आता है।" (अहंकार में चूर होकर)
- "यह मेरे बस की बात नहीं है।" (कोई चुनौती लेने से पहले ही)
- "किसी पर भरोसा नहीं करना चाहिए।" (दूसरों पर शक करते हुए)
- "मुझे कोई पसंद नहीं करता।" (अपने आप को हीन भावना से ग्रस्त करते हुए)
- "मैं हमेशा गलत होता/होती हूँ।" (अपने आप को नीचा दिखाते हुए)
- "मेरी किस्मत ही खराब है।" (अपनी नाकामयाबी का ज़िम्मेदार किस्मत को मानते हुए)
- "दुनिया बहुत बुरी है।" (नकारात्मक दृष्टिकोण रखते हुए)
- "मुझे कुछ अच्छा नहीं मिलेगा।" (निराशा में डूबे रहते हुए)
- "मेरा जीवन बेकार है।" (जीवन के प्रति नकारात्मक रवैया रखते हुए)

यह याद रखना ज़रूरी है कि हमारी सोच हमारे जीवन को आकार देती है। सकारात्मक सोच से हम खुशहाल और सफल जीवन जी सकते हैं, जबकि नकारात्मक सोच हमें निराशा और असफलता की ओर ले जाती है। हमारे मन में विचार हर क्षण चलते रहते हैं। ये विचार एक जैसे भी हो सकते हैं या अलग-अलग भी। जब हमारे मन के मानस पटल पर बहुत ही क्षणिक समय के लिए कोई विचार आकर ठहरता है तब उस विचार को महसूस करना ही जागरूकता या धर्म या अध्यात्म की भाषा में जागना कहलाता है। लेकिन यदि सिर्फ़ उस विचार से सम्बंधित ही अनेक विचार हमारा मन create करने लग जाए तो उसे सोच कहते हैं। अतः अगर हमारे मन में कोई नकारात्मक विचार आया (जो हमें अशांत करता हो) और उस विचार से सम्बंधित ही हमने अनेक विचार बनाने शुरू कर दिए तो ये हमारी नकारात्मक सोच कहलाती है, इसी प्रकार यदि कोई अच्छा विचार आया (जो हमें शांत और शीतल करता हो और उसी विचार से सम्बंधित अन्य विचार हमने बनाने शुरू कर दिए तो ये हमारी सकारात्मक सोच बन जाती है। अतः हमारे मानस पटल पर क्षण भर के लिए आए विचार से सम्बंधित अन्य नए विचार बनाकर हम खुद ही अपनी सोच का निर्माण

करते हैं। इसलिए हम चाहें तो मानस पटल पर क्षणिक आए विचार के बारे में अन्य नए विचार न बनाकर और किसी शांत और शीतल रखने वाले विचार को अपना कर और उससे सम्बंधित नए विचार बनाकर हम अपनी सोच को बदल भी सकते हैं।

भावनाओं को समझना

हमारे मन में विचारों के साथ-साथ भावनाएँ भी आती-जाती रहती हैं। खुशी, गुस्सा, डर, उदासी - ये सभी भावनाएँ हमारे जीवन का हिस्सा हैं। ध्यान रहे पहले मन में विचार आता है फिर उस विचार से सम्बंधित ही भावना मन में पैदा हो जाती है। जैसे हमारे मन में अतीत का कोई विचार आया जब हम बहुत खुश थे तो उसी वक़्त हमारे मन में ख़ुशी सी महसूस होती है, लेकिन अगले ही क्षण मान लो यह विचार आ गया कि अब पहले जैसे अच्छे दिन कभी नहीं आएंगे तब उसी वक़्त उस विचार की वजह से उदास भावना मन में आ जाती है, अतः विचार ही भावना के स्रोत होते हैं। इसलिए विचारों को बदलकर या सही विचारों को चुनकर उससे सम्बंधित नए विचार बनाकर मन की भावनाओं को इच्छानुसार नियंत्रित किया जा सकता है। लेकिन यह पढ़ने या सुनने जितना भी आसान नहीं क्योंकि ऐसा करने वाला/वाली बनने के लिए बहुत अभ्यास की जरूरत होती है और एक ऐसी आदत विकसित करने की ज़रूरत होती है कि हम अधिक से अधिक अच्छे विचारों को चुनें और सिर्फ़ उनसे सम्बंधित ही नए विचार बनाएँ, तब यह आसान हो पाता है लेकिन यह असंभव बिलकुल भी नहीं। जैसे एक विद्यार्थी मेहनत से बार-बार पढ़ने की आदत से ज्ञान को बुद्धि में स्थापित कर लेता है उसी प्रकार एक अच्छा इंसान बार-बार अच्छे विचारों का अभ्यास करके मन की भावनाओं को नियंत्रित कर सकता है।

भावनाएँ हमें बताती हैं कि हम किसी वक्त क्या महसूस कर रहे हैं और क्या चाहते हैं, और दुनिया को कैसे देख रहे हैं । भावनाओं को समझना ज़रूरी है, क्योंकि ये हमारे व्यवहार को प्रभावित करती हैं। अगर हम अपनी भावनाओं को नियंत्रित नहीं करते हैं, तो वे हमें गलत रास्ते पर ले जा सकती हैं। आइए, कुछ सामान्य भावनाओं, उनके प्रभाव और उनके कारणों को समझते हैं:

भावना (Emintions)	भावना में पैदा होने वाले भाव	भावना के पैदा होने के पीछे के सामान्य कारण
खुशी (Joy)	आनंद, उत्साह, संतुष्टि, प्यार	* सफलता मिलना, लक्ष्य प्राप्ति * किसी अपने से मिलना, प्यार का एहसास * कोई अच्छा काम करना, मदद करना * मनपसंद चीज़ मिलना, इच्छा पूरी होना
उदासी (Sadness)	निराशा, दुःख, अकेलापन	* किसी अपने को खोना, बिछड़ना * असफलता मिलना, हार का सामना * किसी चीज़ की कमी होना, अभाव * अकेलापन, साथ न मिलना
क्रोध (Anger)	गुस्सा, चिड़चिड़ापन, आक्रामकता	* किसी के द्वारा गलत व्यवहार किया जाना, अपमान * अन्याय होना, अधिकारों का हनन * धोखा मिलना, विश्वासघात
डर (Fear)	घबराहट, बेचैनी, असुरक्षा	* किसी खतरे का सामना करना, जान का खतरा * अनिश्चितता का माहौल, भविष्य की चिंता * अज्ञात का डर, नई चीज़ों का सामना
शर्म (Shame/Guilt)	अपराधबोध, हीन भावना, शर्मिंदगी	* कोई गलती करना, पछतावा .* किसी को निराश करना, अपेक्षाओं पर खरा न उतरना .* सामाजिक दबाव, लोगों का डर
आश्चर्य (Surprise)	हैरानी, उत्सुकता, अविश्वास	* कुछ अनपेक्षित होना, अचानक घटना .* कोई नई जानकारी मिलना, रहस्योद्घाटन .* अचानक कोई घटना घटित होना, आकस्मिक मुलाक़ात

चिंता (Anxiety)	बेचैनी, घबराहट, तनाव	∗ भविष्य की चिंता, अनिश्चितता .∗ किसी परिणाम का डर, असफलता का डर .∗ ज़िम्मेदारियों का बोझ, दबाव
प्यार (Love)	स्नेह, लगाव, अपनापन	∗ किसी के प्रति आकर्षण, प्रेम .∗ परिवार और दोस्तों के लिए प्यार, अपनापन .∗ करुणा, दया
विश्वास (Trust)	भरोसा, निर्भरता, आस्था	∗ किसी पर भरोसा करना, विश्वास .∗ रिश्तों में ईमानदारी, सच्चाई .∗ अपने आप पर विश्वास, आत्मविश्वास
ईर्ष्या (Envy)	जलन, कुढ़न, नाराज़गी	∗ दूसरों की सफलता देखकर जलन, अपनी तुलना .∗ किसी के पास जो है वो न होने का दुःख, अभाव
शर्मिंदगी (Embarrassment)	लज्जा, हीन भावना, असहजता	∗ कोई शर्मनाक काम करना, गलती .∗ लोगों के सामने अपमानित होना, निंदा .∗ सामाजिक स्थिति का डर, लोग क्या कहेंगे
घृणा (Disgust)	नफ़रत, अरुचि, विरोध	∗ किसी व्यक्ति या चीज़ से नफ़रत, अरुचि .∗ गंदगी, बुराई से घृणा, नैतिक विरोध .∗ अन्याय, हिंसा से घृणा
उत्साह (Excitement)	जोश, उमंग, खुशी	∗ किसी नई चीज़ का इंतज़ार, उत्सुकता .∗ किसी रोमांचक घटना का होना, साहसिक कार्य .∗ मनपसंद काम करने का मौका, अवसर
अभिमान (Pride)	गरिमा, आत्मसम्मान, संतुष्टि	∗ अपनी उपलब्धियों पर गरिमा, सफलता .∗ अपने आप पर विश्वास,

		आत्मसम्मान .* अपने काम पर संतुष्टि, निपुणता
असुरक्षा (Insecurity)	डर, चिंता, संशय	* अपनी क्षमताओं पर संशय, आत्मविश्वास की कमी .* रिश्तों में असुरक्षा, डर .* भविष्य की चिंता, अनिश्चितता
संतुष्टि (Contentment)	शांति, सुकून, आनंद	* अपने जीवन से खुश रहना, संतुष्टि .* ज़रूरतों का पूरा होना, आत्मनिर्भरता .* मन की शांति, आंतरिक खुशी
उल्लास (Euphoria)	अत्यधिक खुशी, उत्साह, जोश	* किसी बड़ी सफलता का मिलना, उपलब्धि .* प्यार में होना, रोमांस .* कोई असाधारण अनुभव, आध्यात्मिक अनुभूति

यह समझना ज़रूरी है कि जैसे विचार स्वाभाविक हैं और उन्हें हम नष्ट नहीं कर सकते हैं , बस विचारों का चयन कर सकते हैं , उसी प्रकार हर विचार से सम्बंधित भावनाएँ भी स्वाभाविक हैं और हमें किसी भी भावना को दबाने की कोशिश नहीं करनी चाहिए। बल्कि हमें अपनी भावनाओं को पहचानना चाहिए और उन्हें स्वीकार करना चाहिए।

सकारात्मक और नकारात्मक विचारों को समझने का विवेक कैसे प्राप्त करें?

हमारे मन में हर पल तरह-तरह के विचार आते-जाते रहते हैं। कुछ विचार अच्छे होते हैं, जो हमें खुशी और उत्साह देते हैं। इन्हें **सकारात्मक विचार** कहते हैं। वहीं, कुछ विचार बुरे होते हैं, जो हमें दुखी और निराश करते हैं। इन्हें **नकारात्मक विचार** कहते हैं।

लेकिन कई बार हम यह नहीं समझ पाते कि कौन सा विचार सकारात्मक है और कौन सा नकारात्मक। इसीलिए हमें सकारात्मक और नकारात्मक विचारों को समझने का विवेक विकसित करना होगा।

सकारात्मक और नकारात्मक विचारों को समझने के कुछ तरीके

- **अपने विचारों पर ध्यान दें:** जब भी आपके मन में कोई विचार आए, तो उस पर ध्यान दें। क्या यह विचार आपको अच्छा महसूस करा रहा है या बुरा? अगर यह विचार आपको खुशी, उत्साह, या आत्मविश्वास देता है, तो यह सकारात्मक विचार है। लेकिन अगर यह विचार आपको दुखी, निराश, या डराता है, तो यह नकारात्मक विचार है।
- **अपने शरीर की प्रतिक्रिया देखें:** हमारे शरीर पर भी हमारे विचारों का असर होता है। जब हम सकारात्मक सोचते हैं, तो हमारा शरीर हल्का और ऊर्जावान महसूस करता है। वहीं, जब हम नकारात्मक सोचते हैं, तो हमारा शरीर भारी और थका हुआ महसूस करता है।
- **अपने व्यवहार को देखें:** हमारे विचार हमारे व्यवहार को भी प्रभावित करते हैं। अगर हम सकारात्मक सोचते हैं, तो हम दूसरों के साथ अच्छा व्यवहार करते हैं और मुश्किलों का सामना हिम्मत से करते हैं। लेकिन अगर हम नकारात्मक सोचते हैं, तो हम चिड़चिड़े हो जाते हैं, दूसरों से झगड़ते हैं, और हार मान लेते हैं।
- **अपने दोस्तों से बात करें:** अगर आपको यह समझने में दिक्कत हो रही है कि आपका विचार सकारात्मक है या नकारात्मक, तो अपने किसी विश्वसनीय दोस्त से बात करें। वे आपको सही रास्ता दिखा सकते हैं।
- सकारात्मक और नकारात्मक विचारों पहचानने में निम्न बातें मददगार सिद्ध हो सकती हैं जैसे-
- एक बार मैं किसी प्रतियोगिता में हार गया था। मेरे मन में यह विचार आया, "मैं एक Loser हूँ।" यह एक नकारात्मक विचार था, जिससे मुझे बहुत दुख हुआ। लेकिन फिर मैंने सोचा, "यह तो सिर्फ़ एक प्रतियोगिता थी। मुझे अगली बार और मेहनत करनी चाहिए।" यह एक सकारात्मक विचार था, जिससे मुझे आगे बढ़ने की प्रेरणा मिली।
- मेरी एक सहेली है, जो हमेशा अपनी तुलना दूसरों से करती रहती है। वह सोचती है कि वह दूसरों जितनी सुंदर या होशियार नहीं है। यह एक नकारात्मक विचार है, जो उसे दुखी करता है। मैंने उसे समझाया कि हर व्यक्ति अलग होता है और उसकी अपनी

खासियत होती है। यह एक सकारात्मक विचार है, जिससे उसे खुद पर विश्वास करने में मदद मिल सकती है।

सकारात्मक और नकारात्मक विचारों को समझने का विवेक प्राप्त करने के लिए हमें निरंतर अभ्यास करना होगा। हमें अपने विचारों पर ध्यान देना होगा और उन्हें नियंत्रित करना सीखना होगा। इससे हम आत्म संघर्ष में विजय प्राप्त कर सकते हैं और एक खुशहाल जीवन जी सकते हैं।

मन के विचारों को कैसे नियंत्रित करें?

हमारा मन एक बगीचे की तरह है। अगर हम इसमें अच्छे बीज बोएँगे, तो सुंदर फूल और मीठे फल उगेंगे। लेकिन अगर हम इसे अनियंत्रित छोड़ देंगे, तो इसमें जंगली पौधे और काँटे उग आएंगे। इसी तरह, अगर हम अपने मन में अच्छे विचारों को पनपने देंगे, तो हमारा जीवन खुशहाल होगा। लेकिन अगर हम अपने विचारों को नियंत्रित नहीं करेंगे, तो वे हमें दुखी और परेशान कर सकते हैं।

मन के विचारों को नियंत्रित करना आसान नहीं है, लेकिन यह असंभव भी नहीं है। कुछ अभ्यास और सही तकनीकों से हम अपने मन को वश में कर सकते हैं और अपने जीवन को बेहतर बना सकते हैं।

यहाँ कुछ तरीके दिए गए हैं जिनसे आप अपने मन के विचारों को नियंत्रित कर सकते हैं:

1. **ध्यान (Meditation):** ध्यान मन को शांत करने और एकाग्रता बढ़ाने का एक शक्तिशाली तरीका है। रोज़ाना कुछ मिनट ध्यान करने से आप अपने विचारों को बेहतर तरीके से समझ पाएंगे और उन्हें नियंत्रित कर पाएंगे। मैं रोज़ सुबह उठकर 15 मिनट ध्यान करता हूँ। इससे मुझे अपने दिन की शुरुआत शांति से करने में मदद मिलती है और मैं अपने काम पर बेहतर तरीके से ध्यान केंद्रित कर पाता हूँ। ध्यान एक ऐसी प्रक्रिया है जो मन को शांत और स्थिर करती है। यह हमें अपने विचारों और भावनाओं को बेहतर तरीके से समझने में मदद करता है, जिससे हम जीवन की चुनौतियों का सामना अधिक कुशलता से कर पाते हैं। ध्यान करने के लिए निम्न प्रक्रिया अपना सकते हैं जैसे -

ॐ **शांत जगह चुनें:** ऐसा स्थान चुनें जहाँ शांति हो और कोई आपको परेशान न करे। यह आपका कमरा, बगीचा, या कोई शांत कोना भी हो सकता है।

ॐ **आरामदायक मुद्रा में बैठें:** ज़मीन पर या कुर्सी पर सीधे बैठें। अपनी रीढ़ की हड्डी सीधी रखें और आँखें बंद कर लें।

ॐ **अपनी साँसों पर ध्यान दें:** अपनी साँसों के आने-जाने पर ध्यान केंद्रित करें। साँस लेते और छोड़ते समय पेट के उठने और गिरने को महसूस करें।

ॐ **विचारों को आने दें और जाने दें:** ध्यान करते समय आपके मन में कई विचार आएंगे। उन्हें आने दें, लेकिन उनसे न उलझें। उन्हें बादलों की तरह आते-जाते देखें।

ॐ **धैर्य रखें:** शुरुआत में ध्यान लगाना मुश्किल हो सकता है। मन भटकेगा, लेकिन धैर्य रखें और बार-बार अपनी साँसों पर ध्यान लाते रहें।

कुछ और सुझाव:

ॐ **नियमित अभ्यास:** रोज़ाना थोड़ी देर के लिए ध्यान करें, चाहे वह 5 मिनट ही क्यों न हों।

ॐ **सुबह का समय:** सुबह जल्दी उठकर ध्यान करने से मन शांत रहता है और दिन भर ऊर्जा बनी रहती है।

ॐ **ध्यान संगीत:** शांत संगीत ध्यान में मदद कर सकता है।

ॐ **ध्यान ऐप्स:** कई ऐप्स हैं जो ध्यान के लिए निर्देशित ऑडियो प्रदान करते हैं।

ध्यान एक सरल लेकिन शक्तिशाली अभ्यास है। नियमित अभ्यास से आप अपने मन को शांत कर सकते हैं, तनाव कम कर सकते हैं, और जीवन में अधिक खुशी और शांति पा सकते हैं।

2. **सकारात्मक सोच:** नकारात्मक विचारों को सकारात्मक विचारों से बदलें। जब भी आपके मन में कोई नकारात्मक विचार आए, तो उसे चुनौती दें और उसकी जगह एक सकारात्मक विचार लाएँ। अगर आपके मन में यह विचार आए कि "मैं यह नहीं कर सकता," तो उसे तुरंत बदलकर यह कहें, "मैं यह ज़रूर कर सकता हूँ!"
3. **आभार व्यक्त करना:** जीवन में जो कुछ भी अच्छा है, उसके लिए आभार व्यक्त करें। यह आपके मन को सकारात्मकता से भर देगा और नकारात्मक विचारों को दूर करेगा।

रोज़ सोने से पहले, मैं उन तीन चीज़ों के बारे में सोचता हूँ जिनके लिए मैं आभारी हूँ। यह मुझे खुश और संतुष्ट महसूस करने में मदद करता है।

4. **अच्छी संगति:** सकारात्मक और प्रेरक लोगों के साथ समय बिताएँ। उनकी संगति आपके मन पर अच्छा प्रभाव डालेगी।मैं अपने दोस्तों के साथ समय बिताना पसंद करता हूँ जो मुझे हमेशा प्रेरित करते हैं और मेरा साथ देते हैं।
5. **शारीरिक गतिविधि:** नियमित रूप से व्यायाम करें या कोई खेल खेलें। शारीरिक गतिविधि मन को स्वस्थ रखने में मदद करती है और तनाव को कम करती है। मैं रोज़ सुबह टहलने जाता हूँ। यह मुझे तरोताज़ा महसूस करने और अपने मन को शांत रखने में मदद करता है।
6. **6. अपनी रुचि की गतिविधियाँ करें:** ऐसी गतिविधियों में समय बिताएँ जो आपको पसंद हैं और जिनसे आपको खुशी मिलती है। मुझे किताबें पढ़ना और गाने सुनना बहुत पसंद है। जब भी मुझे तनाव होता है, तो मैं इन गतिविधियों में समय बिताकर अपने मन को शांत करता हूँ।
7. **सकारात्मक पुष्टि (Affirmations):** रोज़ाना खुद को सकारात्मक बातें कहें। यह आपके आत्मविश्वास को बढ़ाएगा और नकारात्मक विचारों को दूर करेगा। मैं रोज़ सुबह आईने के सामने खड़े होकर खुद से कहती हूँ, "मैं सक्षम हूँ, मैं मजबूत हूँ, और मैं ज़रूर सफलता प्राप्त करूँगी।"

इन तरीकों को अपनाकर आप अपने मन के विचारों को नियंत्रित कर सकते हैं और आत्म संघर्ष में विजय प्राप्त कर सकते हैं। याद रखें, मन को नियंत्रित करना एक लगातार चलने वाली प्रक्रिया है। इसमें समय और धैर्य की आवश्यकता होती है।

चुनौतियों का सामना

जीवन एक सफ़र की तरह है, जिसमें हमें कई तरह की चुनौतियों का सामना करना पड़ता है। कुछ चुनौतियाँ अतीत में घटी घटनाओं से जुड़ी होती हैं, कुछ भविष्य में आने वाली अनिश्चितताओं से, और कुछ अचानक ही हमारे सामने आ जाती हैं। इन चुनौतियों से निपटने के लिए हमें अपने मन को तैयार करना होगा। आइए, विभिन्न प्रकार की चुनौतियों और उनसे निपटने के तरीकों को समझते हैं:

चुनौती का प्रकार	उदाहरण	मन से निपटने की रणनीति
अतीत की घटनाओं से जुड़ी चुनौतियाँ	किसी अपने का बिछड़ जाना, कोई बड़ी गलती, किसी कीमती चीज़ का खो जाना	* स्वीकृति: हमें यह स्वीकार करना होगा कि जो हो गया, उसे बदला नहीं जा सकता। * क्षमा: खुद को और दूसरों को माफ़ करना सीखें। * सकारात्मक पक्ष देखें: हर बुरी स्थिति में कुछ न कुछ अच्छा छिपा होता है। * अतीत से सीखें: गलतियों से सीखकर भविष्य को बेहतर बनाएँ।
भविष्य में घटित होने वाली चुनौतियाँ	बुढ़ापा, आर्थिक तंगी, रिश्तों में परेशानी	* योजना बनाएँ: भविष्य की चुनौतियों से निपटने के लिए पहले से तैयारी करें। * सकारात्मक रहें: नकारात्मक विचारों को मन में न आने दें। * लचीला बनें: परिस्थितियों के अनुसार खुद को ढालना सीखें। * आत्मविश्वास रखें: अपनी क्षमताओं पर भरोसा रखें।
अचानक आने वाली चुनौतियाँ	दुर्घटना, बीमारी, प्राकृतिक आपदा	* शांत रहें: घबराएँ नहीं, स्थिति को समझने की कोशिश करें। * समाधान ढूँढ़ें: समस्या का समाधान निकालने पर ध्यान केंद्रित करें। * मदद मांगें: ज़रूरत पड़ने पर दूसरों से मदद मांगने में संकोच न करें। * हिम्मत न हारें: मुश्किल समय भी बीत जाता है।

मन को समझने और शांत रखने की कहानी

हमारे ऋषि-मुनियों का कहना है कि अगर आप चाहें तो किसी को भी अपना बना सकते हो या फिर पूरी दुनिया को भी जीत सकते हो, लेकिन अपने मन की चाल समझना इन सब कामों से कठिन काम होता है। आपने कभी ख्याल किया होगा कि आप जो काम करना चाहते हैं, आपका मन उससे उल्टा काम करता है। जैसे कि अगर आप सिगरेट पीना छोड़ना चाहते हैं, आप खुद से निश्चय भी करते हैं कि आज से सिगरेट नहीं पिऊंगा, लेकिन कुछ ही समय बाद आपका मन आपको खींच कर वापस उसी सिगरेट के पास लाकर खड़ा कर देता है। और

यह बात सिर्फ सिगरेट पर लागू नहीं होती। हम सबके जीवन में बहुत सारे ऐसे काम होते हैं, ऐसी आदतें होती हैं जिन्हें हम छोड़ना चाहते हैं, लेकिन हम चाहकर भी उन आदतों को छोड़ नहीं पाते हैं।

लेकिन अगर हम अपने मन की हर एक चाल को समझें, मन की हर एक बनावट को देखें कि हमारा मन आखिर कार्य कैसे करता है, तो हम अपने मन की चाल को पकड़ सकते हैं। और अगर एक बार हमें अपने मन की चाल पकड़ में आ जाए तो फिर हम कोई भी आदत छोड़ सकते हैं या फिर इसके उलट कोई भी आदत अपना सकते हैं। जैसे कि सुबह जल्दी उठने की या फिर कोई भी ऐसा काम जिसे करने में हमें आलस आता है। क्योंकि हमारी आदतों के पीछे मूलभूत बिंदु हमारा मन ही होता है और हम उसे ही नज़रअंदाज़ करके चलते रहते हैं और बाद में पछताने के सिवाय हमारे पास कोई चारा नहीं बचता।

इस कहानी में आपको कुछ ऐसी बातें पता चलेंगी जिससे कि आप अपने मन की चाल को भली भांति पकड़ सकते हैं, उसको जान सकते हैं, उसका निरीक्षण कर सकते हैं और उसके बाद अपनी आदतों में बदलाव कर सकते हैं।

एक समय की बात है, एक बालकथा जिसका नाम मानव था। मानव एक बहुत ही वाचाल व्यवहार का बालक था। मानव एक बौद्ध गुरु के आश्रम में शिक्षा ग्रहण करने के लिए आया। मानव अपने गुरु की बातें कम सुनता, लेकिन अपनी बात बताने में वह बहुत उत्सुक रहता था। एक दिन गुरु ध्यान पर चर्चा कर रहे थे कि ध्यान किस प्रकार किया जाता है और ध्यान का हमारे जीवन में क्या महत्व होता है। इसी पर चर्चा चल रही थी। आश्रम के सभी शिष्य मौन होकर अपने गुरु की बातों को बड़े ध्यान से सुन रहे थे। गुरु उनको समझा रहे थे कि आप किसी भी प्रकार का ध्यान करो, लेकिन ध्यान की गहराइयों में जाने के लिए आपको अपने मन के अंदर प्रेम जागृत करना होगा। ध्यान करते समय आपको निरंतर अपने मन का निरीक्षण करना होगा कि आपके मन के अंदर किस प्रकार के विचार आते हैं।

गुरु अपनी बात पूरी कर पाते, इससे पहले ही मानव, जो कि एक वाचाल शिष्य था, वह बीच में ही बोल पड़ा। उसने कहा, "गुरुवर, मैं बहुत दिनों से अपने मन का निरीक्षण कर रहा हूं। मैं हर आने-जाने वाले विचार को बड़ी ही गहराई से देखता हूं, समझता हूं, लेकिन उसके बावजूद मेरे मन की आदतों में कुछ बदलाव नहीं आ रहा है। मैं अक्सर सुबह देरी से उठता हूं और रोज रात को मैं यही सोचकर सोता हूं कि मैं सुबह जल्दी उठूंगा, जल्दी उठकर ध्यान करूंगा, अपने मन का निरीक्षण करूंगा। लेकिन मैं यह कर ही नहीं पाता हूं। मैंने अपने साथी

शिष्यों से भी इस बारे में चर्चा की है, लेकिन उनके पास भी इसका कोई जवाब नहीं है। इस आश्रम में कोई एक-दूसरे से बात ही नहीं करना चाहता। सब लोग चुपचाप रहते हैं, कोई चर्चा नहीं होती। ऐसे में हम अपने मन को कैसे समझ पाएंगे, उसका निरीक्षण कैसे कर पाएंगे? जब तक हम अपने मन के विचारों का, अपने मन की आदतों का एक-दूसरे के सामने ज़िक्र नहीं करेंगे, उसकी चर्चा नहीं करेंगे, उस पर बहस नहीं करेंगे, तब तक हम चुप रहकर अपने मन को कैसे समझ पाएंगे? कृपया करके इन सभी शिष्यों को समझाने की कृपया करें कि कम से कम एक-दूसरे से अपने मन की बात साझा तो करें। उनके मन में क्या विचार चलते हैं, ध्यान में उनके अंदर क्या बदलाव आता है, ध्यान करते वक्त वह क्या महसूस करते हैं, कम से कम आश्रम में इन बातों की तो चर्चा होनी चाहिए।"

बौद्ध गुरु ने अब मानव से पूछा कि तुम दूसरों के मन की बात क्यों जानना चाहते हो? उससे तुम्हारा क्या फायदा होगा? क्या तुम्हें आत्म-निरीक्षण करने के लिए दूसरे के मन के विचार जानना ज़रूरी है? उनके मन में क्या चलता है, इससे तुम्हारा क्या फायदा होगा? क्या तुम मुझे इस बात का उत्तर दे सकते हो?

मानव ने गुरु से इस प्रकार के उत्तर की अपेक्षा नहीं की थी। उसने सोचा कि बात तो गुरु जी ठीक कह रहे हैं। इससे मेरा क्या फायदा होगा, अगर मैं दूसरे के मन की बात जान भी लूंगा या फिर दूसरों के सामने अपने मन की बात बता भी दूंगा, तो उससे मेरा क्या फायदा होगा? क्या मैं अपने मन को समझ पाऊंगा? मानव अपने ही द्वारा किए गए प्रश्न में उलझ चुका था। उसके पास इसका कोई उत्तर नहीं था। लेकिन फिर भी उसने दूसरे शिष्यों के सामने अपनी बात को ऊंचा दिखाने के लिए गुरु जी से कहा कि "गुरुवर, अगर हमें यह पता चल जाएगा कि दूसरे के मन में क्या विचार चलते हैं और उन विचारों का वह ध्यान में जाकर किस प्रकार निरीक्षण करते हैं, तो इससे तो हमें भी ध्यान लगाने में आसानी रहेगी। हम भी अपने ध्यान में उसी प्रकार अपने विचारों का निरीक्षण कर पाएंगे, अपने मन को समझ पाएंगे।" मानव ने आगे कहा, "गुरुवर, क्या आपको नहीं लगता कि गहरा ध्यान लगाने के लिए किन बातों का ध्यान रखा जाए, किस प्रकार अपने मन का निरीक्षण किया जाए, इस बात की चर्चा करने से दूसरे शिष्यों का भी भला हो सकता है?"

बौद्ध भिक्षु ने मानव से पूछा कि "मान लो कोई शिष्य गहरा ध्यान लगा पाता है और अगर वह तुम्हें अपनी मनोदशा बता भी दे कि किस प्रकार वह अपने मन का निरीक्षण करता है, अपने विचारों का निरीक्षण करता है, तो तुम्हें क्या लगता है कि यह जानकर तुम भी गहरे ध्यान में उतर पाओगे? अगर तुम ऐसा सोच रहे हो, तो मैं तुम्हें एक बात बता दूं कि तुम

अपने ही मन के बनाए हुए जाल में खुद फंस जाओगे। अगर तुम्हें कोई ऐसी प्रक्रिया पता चल गई कि गहरे ध्यान में किस प्रकार प्रवेश किया जाता है, तो तुम्हारा मन उसी प्रक्रिया का अनुसरण करने की कोशिश करेगा। तुम वर्तमान में उपस्थित होकर अपनी मनोदशा नहीं समझ पाओगे, बल्कि तुम्हारा मन तो उस प्रक्रिया के विचारों में उलझा रहेगा। तुमने अपने मन को एक काम दे दिया करने के लिए और तुम्हारा मन उसी काम को करता रहेगा। तुम भी उस काम में सम्मिलित हो जाओगे, तो तुम अपने मन का निरीक्षण किस प्रकार कर पाओगे? क्योंकि तुम तो खुद अपने मन के साथ सम्मिलित हो गए हो। तुम तो खुद अपने मन के साथ एक हो गए हो।"

बौद्ध गुरु ने बताया कि "तुम अपने मन को तभी समझ सकते हो, जब तुम अपने मन से अलग हटकर अपने मन को देख पाओ, अपने मन की चाल को दूर से खड़े होकर समझ पाओ। जिस भी विषय को या जिस भी चीज़ को तुम्हें समझना हो, तुम्हें उसे अलग होकर देखना होगा। अगर तुम अपने मन के साथ एक हो गए, तो तुम उसको कभी नहीं समझ पाओगे। तुम उसके साथ सम्मिलित हो जाओगे। जिस प्रकार तुम अपने विचारों को समझने की कोशिश करते हो, लेकिन विचारों को समझते-समझते तुम अपने ही विचारों में खो जाते हो। कभी अनुभव किया है तुमने?"

मानव ने हां में सिर हिलाते हुए कहा, "गुरुवर, जब भी मैं अपने विचारों का निरीक्षण करने लगता हूं, तो ऐसा ही होता है। मैं अपने ही विचारों में खो जाता हूं और कुछ समय बाद मुझे ध्यान में आता है कि मैं अपने विचारों का निरीक्षण कर रहा था। तो उसके बाद मैं फिर से अपने विचारों का दृष्टा बन जाता हूं, उनका साक्षी बनने की कोशिश करने लगता हूं। लेकिन कुछ समय बाद फिर से अपने विचार और अपने गुस्से को ही अपना अस्तित्व मान लेता है और इसलिए वह यह कभी नहीं देख पाता कि यह गुस्सा उसके मन को किस प्रकार प्रभावित कर रहा है, किस प्रकार यह गुस्सा उसके मन को दुखी कर जाएगा, वह कभी नहीं देख पाएगा। क्योंकि उसके पास वह कला नहीं है कि वह अपने गुस्से को अपने से अलग करके देख पाए। इसी चीज़ के लिए सारे अभ्यास बने हुए हैं ताकि तुम सिर्फ एक दृष्टा, एक साक्षी बनकर सभी चीजों को, उसको उसके असली स्वरूप में देख पाओ। और जब तुम सभी चीजों का, सभी विचारों का असली स्वरूप देख लेते हो, तब तुम्हें उसकी अनित्यता पता चलती है। तब तुम्हें पता चलता है कि यह सब आने-जाने वाली चीजें हैं। लेकिन चेतना हमेशा इंसान के साथ रहती है। वह दृष्टा, वह साक्षी जो उसको देख रहा है, वह हमेशा जीवित रहता है, वह कभी नहीं मरता, वह नित्य है और वही चेतना होती है। चेतना किसी भी चीज़ से कभी

भी बंधी हुई नहीं होती। चेतना तुम्हारा होश है। दूसरी चीजों को उनके स्वरूप में देख पाने की कला तुम्हें तुम्हारी चेतना से ही मिलती है। जितनी प्रचंड तुम्हारी चेतना होगी, उतने ही अच्छे तरीके से तुम चीजों से अलग हटकर उनको देख पाने में सक्षम हो पाओगे। इसलिए अपनी चेतना को ऊपर उठाने का काम करो ताकि तुम अपनी चेतना से किसी भी चीज़ का असली स्वरूप देखने में सक्षम हो पाओ।"

मानव ने पूछा, "गुरुवर, आपकी बातें कुछ-कुछ तो समझ में आ रही हैं, लेकिन एक बात समझ में नहीं आई कि अपनी चेतना को ऊपर उठाने के लिए, अपने आप को ज़्यादा होश में रखने के लिए हमें क्या करना होगा?"

इस पर चर्चा करते हुए बौद्ध गुरु ने बताया, "तुम मौन होकर, चुप होकर सिर्फ अपने विचारों को, अपने मन की प्रक्रियाओं को, अपने अनुभवों को देखना शुरू करो। तुम्हारे अनुभव आते हैं, तुम्हारे अनुभव चले जाते हैं। वह अनित्य हैं, वह हमेशा हमारे साथ नहीं रहने वाले। लेकिन हमारा मन उन्हीं अनुभवों को पकड़ने की कोशिश करता रहता है। जब तुम्हें कोई अच्छा अनुभव होता है, तो तुम्हारा मन चाहता है कि तुम्हें बार-बार वही अनुभव हो और उसी अनुभवों को लेने के चक्कर में तुम्हारा मन तुम्हें फंसा चला जाता है। तुम्हारी चेतना तुम्हारे मन के अधीन हो जाती है। वही होता है एक सिगरेट पीने वाले के साथ, वही होता है एक शराब पीने वाले के साथ और वही होता है हर बुरी आदत अपनाने वाले के साथ कि उसकी चेतना उसके मन की गुलाम हो जाती है। अगर तुम अपनी चेतना को अपने मन से आज़ाद करना चाहते हो, तो सबसे पहले मौन रहना सीखो। तुम्हारे ज़्यादा बोलने की आदत, दूसरों से उनके अनुभव सुनने की आदत तुम्हारे मन को और ज़्यादा भर देगी। लेकिन अपनी चेतना को आज़ाद करने के लिए तुम्हें अपने मन को खाली करना सीखना होगा। जब तुम अपने मन को खाली करोगे, तब तुम्हें अपनी चेतना का असली स्वरूप दिखाई देगा। तब तुम्हें पता चलेगा कि मौन रहकर, चुप रहकर अपनी चेतना को कैसे ऊपर उठाया जाए, कैसे हमेशा चेतन्य रहा जाए। चेतन्य रहना ही हमारा असली स्वरूप होता है, लेकिन हम उसे भूल चुके हैं, अपने मन के अधीन होकर। इसीलिए अपनी चेतना को अपने मन से छुटकारा दिलाना होगा। इसके लिए तुम चुप रहकर अपने मन के विचारों को देखना शुरू करो। ज़रा नियंत्रण करो। उसके अनुभवों को महसूस करना शुरू करो। जब तुम अपने मन के साक्षी हो जाते हो, अपने मन के दृष्टा हो जाते हो, उसे देखने वाले हो जाते हो, तब तुम्हें पता चलता है कि तुम्हारे मन में एक विचार जाता है, तो दूसरा आ जाता है, दूसरा जाता है, तो तीसरा आ जाता है और इस प्रकार जिस तरह सड़क पर भीड़ चल रही होती है, लोगों का हुजूम चल रहा होता है, एक

आदमी जाता है, तो दूसरा आता है, दूसरा जाता है, तो तीसरा आता है, उसी प्रकार हमारे मन में अनेक विचार आते और जाते रहते हैं। और धीरे-धीरे हम उनसे जुड़ते नहीं हैं, उनके साथ बहने नहीं लग जाते, उनके साथ खो नहीं जाते, बल्कि उनको बस देखते रहते हैं और देखते-देखते धीरे-धीरे वे सभी विचार विलीन होने लगते हैं और उसके बाद हमारा मन पूरी तरह से खाली हो जाता है और अब हमें पहली बार अपने चेतन्य होने का पता चलता है। हमें पता चलता है कि हमारी चेतना ही हमारा असली आनंद है, वही हमारा स्वरूप है और उसके लिए अपने मन की भूमि से खर-पतवार हटाने ज़रूरी होती है। उसके लिए मेहनत नहीं करनी, बस उन विचारों को देखते रहना है। एक विचार जाता है, तो दूसरा आता है, दूसरा जाता है, तो तीसरा आता है। बस देखते रहो, साक्षी बने रहो, देखने वाले, दृष्टा बने रहो और देखते-देख, देखते वह विचार विलीन हो जाते हैं। लेकिन इसके लिए तुम्हें चुप रहकर अभ्यास करना होगा। चुप रहकर अपने विचारों का आत्म-निरीक्षण करना होगा, अपने मन की भावनाओं को समझना होगा। कब तुम्हें गुस्सा आता है, कब तुम्हें खुशी होती है, उसे अलग खड़े होकर देखना होगा। जब हमें गुस्सा आता है या खुशी होती है या किसी से घृणा होती है, तो हम गुस्से में उत्तेजित हो जाते हैं और उत्तेजना की वजह से ही हम उन भावनाओं को अलग होकर देख नहीं पाते। लेकिन अगर हम उत्तेजित ना हों और शांत रहें, स्थिर रहें, तो हम अपने मन की भावनाओं को समझ सकते हैं, उनको जान सकते हैं और जब हम अपने मन की भावनाओं को जानने लगते हैं, तब हमें पता चलता है कि कोई भी भाव हमेशा नहीं रहता। एक भाव जाता है, तो दूसरा चला आता है। खुशी हमेशा नहीं रहती, दुख हमेशा नहीं रहता, गुस्सा हमेशा नहीं आता, घृणा हमेशा नहीं होती। जब इन बातों को हम समझने लगते हैं, तो यह सारे भाव हमारे अंदर से विलीन होने लगते हैं और सिर्फ एक प्रेम, एक आनंद हमारे अंदर बच जाता है। उसे हम परमानंद कहते हैं और वही हमारा असली स्वरूप होता है। इसीलिए अपने मन की चाल में तुम खुद मत फंस जाना। अपने मन की चाल को दूर खड़े होकर बस देखते रहना और देखते-देखते उस समय तुम्हारा मन पूरी तरह से विलीन हो जाएगा और जब कोई विचार नहीं बचेगा, तभी हम हर चीज़ में अपना मन लगा सकते हैं, हर काम को पूरे ध्यान पूर्वक कर सकते हैं। असल में मन का विलीन होना ही ध्यान में प्रवेश होता है। जब तक हमारा मन हावी होता है, तब तक हम ध्यान में प्रवेश नहीं कर पाते। क्योंकि हमारा मन कहेगा, तब हम ध्यान करेंगे और जब हमारा मन नहीं करेगा, तब हम ध्यान नहीं करेंगे और ऐसा हर काम में लागू होता है। लेकिन एक बार अगर हमारा मन विलीन हो जाता है, तो हम हर काम में

ध्यान लगा सकते हैं और ध्यान ही हमारा असली स्वरूप बन जाता है, वही चेतना बन जाती है।"

इस ज्ञान भरी चर्चा को सुनकर सभी शिष्य प्रसन्न हो गए। लेकिन बौद्ध गुरु ने उन्हें चेतावनी देते हुए कहा कि "तुम प्रसन्न हो रहे हो, यह भी तुम्हारे मन की एक भावना है। तुम्हें यह बातें सुनने में मज़ा आ रहा है, इसलिए तुम प्रसन्न हो रहे हो। लेकिन यह बातें हमेशा कोई तुम्हें नहीं सुनाएगा और इसी वजह से तुम्हारा मन हमेशा प्रसन्न नहीं रह पाएगा। अगर तुम्हें असली आनंद की खोज करनी है, ऐसी प्रसन्नता हासिल करनी है जो कभी विलीन ना हो, तो तुम शांत होकर, मौन होकर, भावना रहित होकर अपने विचारों और अपनी भावना को देखना शुरू करो। उसके बाद तुम्हें खुद ही महसूस होगा कि चेतना जो होती है, वह शाश्वत होती है, वह कभी नहीं मरती और बाकी सभी चीजें अनित्य हैं, वह खत्म हो जाएंगी, वह मर जाएंगी, वह पीछे छूट जाएंगी। कोई भी चीज़ इस संसार में शाश्वत नहीं होती, हमेशा नहीं रहती सिवाय हमारी चेतना के। जब हमारे प्राण छूटते हैं, तो हमारे शरीर से सबसे पहले हमारी चेतना ही निकलती है। इसलिए चेतना कभी नहीं मरती।"

बौद्ध गुरु ने सभी को निर्देश देते हुए कहा कि "आज हम मौन रहकर अपने मन के विचारों और उसकी भावनाओं पर ध्यान लगाएंगे। उसके साथ सम्मिलित नहीं होंगे, बस उसे दूर से खड़े होकर देखते रहेंगे। थोड़ा कठिन है, लेकिन अभ्यास करने से तुम इसमें पारंगत हो जाओगे।" और इसके बाद बौद्ध गुरु और सभी शिष्य ध्यान में चले गए।

3. आत्मविश्वास को हमेशा ऊँचा बनाए रखने का आत्म संघर्ष

आत्मविश्वास, वो ऊर्जा या रोशनी है जो हमारे अंदर के अँधेरे को दूर भगाती है और हमें आगे बढ़ने की हिम्मत देती है। जैसे ही हमारे सामने कोई नई परिस्थिति आती है, बहुत ही सूक्ष्म से क्षण में हमारा दिमाग हमारे अंदर मौजूद हमारी योग्यता से पता करता है कि क्या तुम इस परिस्थिति का सामना करने के लिए तैयार हो, ऐसे में हमारे दिमाग के अंदर जो शक्ति या ऊर्जा हमें जवाब देती है वही हमारा आत्मविश्वास है। ये वो ताकत है जो हमें मुश्किलों से लड़ने और सपनों को पूरा करने का हौसला देती है।

आत्मविश्वास क्या है?

आसान शब्दों में कहें तो आत्मविश्वास का मतलब है खुद पर भरोसा। ये वो एहसास है जो कहता है, "मैं ये कर सकता/ सकती हूँ।" जैसे

- ⌘ **स्कूल में वो बच्चा जो बिना किसी डर के टीचर से सवाल पूछ लेता है।**
- ⌘ **वो लड़की जो नए शहर में अकेले रहकर भी खुद को संभाल लेती है।**
- ⌘ **वो दुकानदार भैया जो बड़े-बड़े शोरूम के सामने भी अपनी छोटी सी दुकान चलाने से नहीं घबराता।**
- ⌘ **वो किसान जो मौसम की मार के बाद भी फिर से खेती करने का हौसला रखता है।**
- ⌘ **वो गृहिणी जो घर के कामों के साथ-साथ अपना कोई हुनर भी सीख लेती है।**
- ⌘ **वो ऑफिस वाला जो नई नौकरी के इंटरव्यू में बिना घबराए अपने बारे में बताता है।**
- ⌘ **वो खिलाड़ी जो हार के बाद भी अगले मैच के लिए खुद को तैयार करता है।**
- ⌘ **वो बुजुर्ग जो अपनी उम्र के बावजूद नई चीजें सीखने की कोशिश करते हैं।**

किसी व्यक्ति में आत्मविश्वास की कमी कैसे पता चले?

आत्मविश्वास की कमी कई तरह से दिखाई दे सकती है। यह जरूरी नहीं कि हर व्यक्ति में ये सारे लक्षण हों, लेकिन कुछ निश्चित बातें हमें संकेत दे सकती हैं कि किसी व्यक्ति को अपने ऊपर विश्वास की कमी है।यहाँ कुछ ऐसे ही लक्षण दिए गए हैं:

- **नयी चीजें करने से डरना:** जैसे कोई नया काम सीखना हो, नई जगह जाना हो, या नए लोगों से मिलना हो, तो आत्मविश्वास की कमी वाला व्यक्ति अक्सर इन चीजों से कतराएगा। उदाहरण के लिए, मोहल्ले में होने वाले किसी कार्यक्रम में जाने से मना कर देना, या ऑफिस में नयी ज़िम्मेदारी लेने से पीछे हट जाना।
- **हर बात पर शक करना:** खुद की क्षमताओं पर भरोसा न होना, और लगातार यह सोचना कि "मैं यह नहीं कर पाऊँगा/पाऊँगी"। जैसे, परीक्षा से पहले यह सोचना कि "मुझे कुछ नहीं आता", या कोई काम शुरू करने से पहले ही यह मान लेना कि "मैं इसमें जरूर फेल हो जाऊँगा/जाऊँगी"।
- **दूसरों से अपनी तुलना करना:** हमेशा दूसरों को खुद से बेहतर समझना, और इस वजह से खुद को कमतर महसूस करना। जैसे, किसी दोस्त के नए कपड़े या फोन देखकर सोचना कि "काश मेरे पास भी ऐसा होता", या किसी रिश्तेदार की तरक्की देखकर मन ही मन ईर्ष्या करना।
- **नकारात्मक सोच:** ज्यादातर समय नकारात्मक बातें सोचना, और हर स्थिति में बुराई ही देखना। उदाहरण के लिए, किसी मुश्किल का सामना करते समय यह सोचना कि "मेरे साथ ही ऐसा क्यों होता है?", या किसी अच्छी खबर के बावजूद उसमें कोई न कोई कमी निकालना।
- **आलोचना से घबराना:** दूसरों की आलोचना को सहजता से न ले पाना, और उसे व्यक्तिगत रूप से लेना। जैसे, किसी के द्वारा दी गई सलाह को अपमान समझ लेना, या किसी की नाराजगी को अपनी कमी मान लेना।
- **फैसले लेने में दिक्कत:** छोटे-छोटे फैसले लेने में भी परेशानी होना, और दूसरों पर निर्भर रहना। उदाहरण के लिए, खाने में क्या बनाना है, या कौन से कपड़े पहनने हैं, यह तय न कर पाना।

- **बहाने बनाना:** अपनी गलतियों या कमियों की ज़िम्मेदारी लेने से बचना, और उसके लिए बहाने बनाना। जैसे, किसी काम में देरी होने पर ट्रैफिक या मौसम को दोष देना, या परीक्षा में फेल होने पर पेपर को कठिन बताना।
- **असफलता से घबराना:** असफलता को एक बड़ी हार मान लेना, और उससे उबर न पाना। उदाहरण के लिए, किसी प्रतियोगिता में हार जाने के बाद यह सोचना कि "अब मैं कभी सफल नहीं हो पाऊँगा/पाऊँगी"।
- **अपनी तारीफ न सुन पाना:** जब कोई हमारी तारीफ करता है, तो उसे स्वीकार न कर पाना, और यह सोचना कि "वो बस ऐसे ही कह रहे हैं"।
- **शारीरिक लक्षण:** आत्मविश्वास की कमी कभी-कभी शारीरिक रूप से भी दिखाई दे सकती है, जैसे हाथ-पैर कांपना, पसीना आना, या आवाज का भारी हो जाना।
- **अधिक संवेदनशील होना:** छोटी-छोटी बातों पर भी आसानी से दुखी या गुस्सा हो जाना।
- **दूसरों की प्रशंसा करने में कंजूसी:** दूसरों की सफलता या खूबियों को स्वीकार न कर पाना, और उनकी प्रशंसा करने में कंजूसी करना।
- **अपनी राय न रख पाना:** किसी भी विषय पर अपनी राय स्पष्ट रूप से न रख पाना, और दूसरों की बातों से आसानी से प्रभावित हो जाना।
- **अकेलापन पसंद करना:** लोगों से मिलना-जुलना पसंद न करना, और अकेले रहना ही बेहतर समझना।
- **ज़िंदगी से उत्साह की कमी:** हर चीज़ में रुचि खो देना, और ज़िंदगी को एक बोझ समझना।

यह ध्यान रखना जरूरी है कि ये सभी लक्षण हर व्यक्ति में एक जैसे नहीं दिखाई देंगे। अगर आपको लगता है कि आप या आपका कोई जानने वाला आत्मविश्वास की कमी से जूझ रहा है, तो उसे सही समय पर मदद और सहयोग देना बहुत ज़रूरी है।

आत्मविश्वास होने से क्या क्या कार्य अच्छे से हो सकते हैं?

आत्मविश्वास हर उम्र के लोगों के लिए एक महत्वपूर्ण गुण है। यह हमें जीवन में आगे बढ़ने और सफल होने में मदद करता है। आइए देखें कि अलग-अलग उम्र के लोग आत्मविश्वास के साथ क्या-क्या कर सकते हैं:

किशोरावस्था (Adolescents):

ॐ **नए दोस्त बनाना:** स्कूल या कॉलेज में नए लोगों से मिलने और दोस्ती करने में झिझक नहीं होती। जैसे, मान लो कोई नया स्टूडेंट क्लास में आया है, तो एक आत्मविश्वासी किशोर आसानी से उससे बातचीत शुरू कर सकता है और दोस्ती कर सकता है।

ॐ **पढ़ाई में अच्छा प्रदर्शन:** आत्मविश्वास से भरे बच्चे क्लास में सवाल पूछने से नहीं डरते और बिना किसी झिझक के परीक्षा देते हैं। उन्हें अपनी तैयारी पर भरोसा होता है।

ॐ **खेलकूद में भाग लेना:** चाहे क्रिकेट हो या बैडमिंटन, आत्मविश्वासी बच्चे बिना किसी डर के खेल में हिस्सा लेते हैं और अपनी पूरी क्षमता से खेलते हैं।

ॐ **अपनी बात रखना:** अगर उन्हें किसी बात से परेशानी है, तो वो खुलकर अपनी बात कह सकते हैं, चाहे वो घर की बात हो या स्कूल की।

ॐ **नई चीजें सीखना:** नया कोई हुनर सीखना हो, जैसे गिटार बजाना या पेंटिंग करना, तो आत्मविश्वासी बच्चे बिना किसी हिचकिचाहट के उसे सीखने की कोशिश करते हैं।

ॐ **अपने फैसले खुद लेना:** छोटे-मोटे फैसले, जैसे कौन सी किताब पढ़नी है या किस ग्रुप के साथ घूमने जाना है, ये वो खुद ले सकते हैं।

ॐ **गलतियों से सीखना:** गलती करने पर वो निराश नहीं होते, बल्कि उससे सीखते हैं और आगे बढ़ते हैं।

ॐ **दूसरों की मदद करना:** किसी को मदद की ज़रूरत हो, तो वो बिना किसी झिझक के आगे बढ़कर मदद करते हैं।

ॐ **अपनी राय रखना:** किसी मुद्दे पर उनकी अपनी राय होती है और वो उसे बेझिझक दूसरों के सामने रख सकते हैं।

ॐ **अपने सपनों को पूरा करने की कोशिश करना:** बड़े होकर क्या बनना है, ये वो सोचते हैं और उसे पूरा करने के लिए मेहनत करते हैं।

वयस्क (Adults):

ॐ **नौकरी में सफलता:** आत्मविश्वासी व्यक्ति इंटरव्यू में अच्छा प्रदर्शन करते हैं और ऑफिस में अपनी बात आत्मविश्वास से रखते हैं।

ॐ **रिश्ते निभाना:** चाहे वो परिवार हो या दोस्त, आत्मविश्वासी लोग रिश्तों को बेहतर तरीके से निभा पाते हैं।

ॐ **आर्थिक फैसले लेना:** पैसों से जुड़े फैसले, जैसे घर खरीदना या निवेश करना, वो सोच-समझकर लेते हैं।

ॐ **समस्याओं का समाधान:** जीवन में आने वाली समस्याओं का डटकर सामना करते हैं और उनका हल निकालते हैं।

ॐ **नेतृत्व करना:** आत्मविश्वासी लोग अच्छे बन दूसरों को प्रेरित कर सकते हैं।

ॐ **अपनी सेहत का ध्यान रखना:** वो अपनी सेहत के प्रति जागरूक होते हैं और स्वस्थ जीवनशैली अपनाते हैं।

ॐ **समाज में योगदान:** समाज की भलाई के लिए काम करते हैं और दूसरों की मदद करते हैं।

ॐ **खुश रहना:** आत्मविश्वासी लोग जीवन में खुश रहते हैं और सकारात्मक दृष्टिकोण रखते हैं।

वृद्धावस्था (Old age people):

ॐ **सक्रिय रहना:** उम्र के इस पड़ाव पर भी वो सक्रिय रहते हैं और नए शौक अपनाते हैं। जैसे, योग सीखना, बागवानी करना, या कोई नई भाषा सीखना।

ॐ **नई तकनीक सीखना:** मोबाइल चलाना, इंटरनेट इस्तेमाल करना, ये सब वो सीख सकते हैं और अपने परिवार और दोस्तों से जुड़े रह सकते हैं।

ॐ **अपना अनुभव बाँटना:** जीवन भर का जो अनुभव उन्होंने इकट्ठा किया है, उसे वो युवा पीढ़ी के साथ बाँटते हैं।

ॐ **स्वास्थ्य समस्याओं का सामना:** बढ़ती उम्र में आने वाली स्वास्थ्य समस्याओं का वो हिम्मत से सामना करते हैं।

ॐ **समाज में अपनी भूमिका निभाना:** समाज के बुजुर्गों के लिए काम करने वाले संगठनों में शामिल होकर वो समाज में अपनी भूमिका निभाते हैं।

ॐ **आध्यात्मिक विकास:** धार्मिक कार्यों में रुचि लेकर या ध्यान लगाकर वो अपना आध्यात्मिक विकास करते हैं।

- ॐ **सकारात्मक रवैया:** जीवन में आने वाली चुनौतियों के बावजूद वो सकारात्मक रवैया बनाए रखते हैं।
- ॐ **खुद को स्वीकार करना:** अपनी उम्र और शारीरिक सीमाओं को स्वीकार करते हैं और जीवन का आनंद लेते हैं।
- ॐ **सम्मान पाना:** अपने जीवन के अनुभवों और ज्ञान के कारण उन्हें समाज में सम्मान मिलता है।

इस प्रकार, आत्मविश्वास हर उम्र के लोगों के लिए एक महत्वपूर्ण गुण है जो उन्हें जीवन में सफल और खुश रहने में मदद करता है।

आत्मविश्वास का महत्व

आत्मविश्वास हमारे जीवन में बहुत ज़रूरी है। ये हमें आगे बढ़ने, सफल होने और खुश रहने में मदद करता है। जैसे गाड़ी चलाने के लिए पेट्रोल ज़रूरी है, वैसे ही ज़िंदगी में आगे बढ़ने के लिए आत्मविश्वास ज़रूरी है। सोचो, अगर एक साइकिल चलाना सीख रहे बच्चे को खुद पर भरोसा नहीं होगा, तो क्या वो कभी साइकिल चला पाएगा? नहीं ना! ठीक वैसे ही, अगर हमें खुद पर भरोसा नहीं होगा, तो हम ज़िंदगी में कुछ भी नया करने की हिम्मत नहीं कर पाएंगे।

आत्मविश्वास के महत्वपूर्ण फायदे:

- ♣ **सफलता की राह आसान: (जैसे एक पहाड़ पर चढ़ने के लिए मजबूत पैरों की ज़रूरत होती है, वैसे ही ज़िंदगी में सफलता पाने के लिए आत्मविश्वास की ज़रूरत होती है।)** आत्मविश्वास हमें अपने लक्ष्य तय करने और उन्हें हासिल करने की ताकत देता है।
- ♣ **मुश्किलों से लड़ने की हिम्मत: (कभी-कभी बारिश में भी घर से बाहर निकलना पड़ता है, ना? छाता लेकर निकलते हैं तो बारिश से बचाव हो जाता है। आत्मविश्वास भी ऐसा ही है, ये हमें ज़िंदगी की मुश्किलों से बचाता है।)** आत्मविश्वासी व्यक्ति मुश्किलों से नहीं घबराता, बल्कि उनका डटकर सामना करता है।
- ♣ **नए रिश्ते बनाना** आसान: आत्मविश्वासी व्यक्ति नए लोगों से आसानी से मिल-जुल सकता है और अपनी बात बेझिझक कह सकता है।
- ♣ **बेहतर फैसले लेने की क्षमता: (जैसे क्रिकेट में अच्छा खिलाड़ी सही समय पर सही शॉट मारता है, वैसे ही आत्मविश्वासी व्यक्ति सही समय पर सही फैसले लेता है।)**

आत्मविश्वास हमें अपनी सोच पर भरोसा करने और बेहतर फैसले लेने में मदद करता है।

- **खुद को पसंद करना: (जैसे हमें अपने मनपसंद खिलौने से प्यार होता है, वैसे ही आत्मविश्वास हमें खुद से प्यार करना सिखाता है।)** आत्मविश्वासी व्यक्ति अपनी कमियों के साथ-साथ अपनी खूबियों को भी पहचानता है और खुद पर गर्व करता है।
- **नई चीज़ें सीखने की इच्छा: (जैसे हमें नई कहानी सुनने में मज़ा आता है, वैसे ही आत्मविश्वासी व्यक्ति नई चीज़ें सीखने के लिए हमेशा तैयार रहता है।)** आत्मविश्वास हमें नए ज्ञान और कौशल हासिल करने के लिए प्रेरित करता है।
- **रचनात्मकता को बढ़ावा: (जैसे हम अपने मन से नई-नई चीज़ें बनाते हैं, वैसे ही आत्मविश्वास हमें अपनी रचनात्मकता दिखाने का मौका देता है।)** आत्मविश्वास हमें अपने विचारों को खुलकर व्यक्त करने और नई चीज़ें बनाने में मदद करता है।
- **मानसिक स्वास्थ्य में सुधार: (जैसे अच्छा खाना हमें स्वस्थ रखता है, वैसे ही आत्मविश्वास हमारे मन को स्वस्थ रखता है।)** आत्मविश्वास हमें तनाव, चिंता और डर से दूर रहने में मदद करता है। इस तरह, आत्मविश्वास हमें एक खुशहाल और सफल जीवन जीने में मदद करता है।

आत्मविश्वास को कम करने वाली बातें

कई बार कुछ बातें हमारे आत्मविश्वास को कम कर सकती हैं। जैसे -

- **बार-बार असफलता मिलना: मान लो आप क्रिकेट खेलने के बहुत शौकीन हो, पर हर मैच में आपकी टीम हार जाती है और आप भी अच्छा नहीं खेल पाते। ऐसे में बार-बार हारने से आपका मनोबल टूट सकता है और आप सोचने लग सकते हैं कि "शायद मैं क्रिकेट में अच्छा नहीं हूँ।" यही सोच आपके आत्मविश्वास को कम कर सकती है।**
- **दूसरों से तुलना करना: आपके पड़ोस में रहने वाला लड़का पढ़ाई में बहुत तेज़ है, हर परीक्षा में वो सबसे ज़्यादा नंबर लाता है। अगर आप अपने आपको उससे लगातार तुलना करेंगे, तो आपको अपनी काबिलियत पर शक होने लगेगा और आपका आत्मविश्वास कम हो सकता है। याद रखें, हर व्यक्ति अलग होता है और उसकी अपनी खूबियां होती हैं।**

- **अपनी कमियों पर ध्यान देना: हो सकता है आपको लगता हो कि आप ज़्यादा अच्छे से बात नहीं कर पाते या आपका कद थोड़ा छोटा है। अगर आप हमेशा इन्हीं कमियों के बारे में सोचते रहेंगे, तो धीरे-धीरे आपका आत्मविश्वास कम होने लगेगा। इसके बजाय अपनी खूबियों पर ध्यान दें और उन्हें निखारने की कोशिश करें।**
- **नकारात्मक लोगों का साथ: अगर आप ऐसे लोगों के साथ रहते हैं जो हमेशा नकारात्मक बातें करते हैं, आपकी हिम्मत तोड़ते हैं और आप पर भरोसा नहीं करते, तो इसका असर आपके आत्मविश्वास पर भी पड़ेगा। ऐसे लोगों से दूरी बनाकर रखें और सकारात्मक लोगों के साथ समय बिताएँ।**
- **बचपन में मिले डांट-फटकार: कई बार बचपन में मिली ज़्यादा डांट-फटकार या सख्त माहौल भी बड़े होकर हमारे आत्मविश्वास को प्रभावित कर सकता है। ऐसा लग सकता है कि हम कुछ भी अच्छा नहीं कर सकते या हम किसी काम के नहीं हैं।**
- **किसी बीमारी या दुर्घटना का शिकार होना: अगर कोई व्यक्ति किसी गंभीर बीमारी या दुर्घटना का शिकार हो जाता है, तो उसका आत्मविश्वास भी कम हो सकता है। शारीरिक कमजोरी या किसी अंग का न होना उसे अपने आप में हीन भावना दे सकता है।**
- **पढ़ाई या नौकरी में परेशानी: पढ़ाई में अच्छा न कर पाना, परीक्षा में फेल हो जाना या नौकरी न मिलना भी आत्मविश्वास को कम कर सकता है। ऐसे में लग सकता है कि हम काबिल नहीं हैं या हमसे कुछ नहीं होगा।**
- **रिश्तों में उतार-चढ़ाव: पारिवारिक झगड़े, दोस्तों से अनबन या संबंधों में दिक्कतें भी हमारे आत्मविश्वास को हिला सकती हैं। ऐसे में हम खुद को अकेला और बेकार महसूस कर सकते हैं।**

आत्मविश्वास कैसे बढ़ाएँ?

आत्मविश्वास कोई ऐसी चीज़ नहीं जो रातों-रात आ जाए। इसे बढ़ाने के लिए हमें खुद पर मेहनत करनी पड़ती है। जैसे कोई किसान अपने खेत में मेहनत करके अच्छी फसल उगाता है, वैसे ही हमें भी अपने अंदर आत्मविश्वास के बीज बोने होंगे और उन्हें प्यार से सींचना होगा। जैसे -

- **अपनी उपलब्धियों को याद रखें।** जैसे, अगर आपने कभी कोई मुश्किल परीक्षा पास की हो, कोई खेल जीता हो, या किसी को मुसीबत में मदद की हो, तो उन बातों को याद करें। इससे आपको एहसास होगा कि आप काबिल हैं और कुछ भी कर सकते हैं।
- **नई चीजें सीखते रहें।** नया सीखने से हमारा दिमाग़ तेज़ होता है और हमें नई चीज़ों का अनुभव मिलता है। जैसे, कोई नई भाषा सीखना, कोई नया खेल खेलना, या खाना बनाना सीखना। इससे हमें खुद पर गर्व होगा और हमारा आत्मविश्वास बढ़ेगा।
- **खुद की तारीफ करें।** अक्सर हम दूसरों की तारीफ तो करते हैं, लेकिन खुद की नहीं। जब भी आप कुछ अच्छा करें, तो खुद को शाबाशी दें। जैसे, "वाह, आज मैंने बहुत अच्छा काम किया!" इससे आपका मनोबल बढ़ेगा।
- **सकारात्मक लोगों के साथ रहें।** जो लोग हमेशा नकारात्मक बातें करते हैं, उनसे दूर रहें। ऐसे लोगों के साथ रहें जो आपको प्रोत्साहित करते हैं और आपका हौसला बढ़ाते हैं। जैसे, आपके अच्छे दोस्त, परिवार वाले, या कोई अच्छा टीचर।
- **अपनी कमजोरियों को स्वीकार करें और उन्हें दूर करने की कोशिश करें।** कोई भी इंसान परफेक्ट नहीं होता। हम सबमें कुछ कमज़ोरियाँ होती हैं। अपनी कमज़ोरियों को पहचानें और उन्हें सुधारने की कोशिश करें। जैसे, अगर आपको गुस्सा जल्दी आता है, तो उस पर काबू पाने की कोशिश करें।
- **नियमित व्यायाम करें।** व्यायाम करने से हमारा शरीर स्वस्थ रहता है और दिमाग़ भी तेज़ होता है। इससे हमारा आत्मविश्वास भी बढ़ता है। जैसे, रोज़ सुबह टहलना, योग करना, या कोई खेल खेलना।
- **अच्छी नींद लें।** अच्छी नींद लेने से हमारा दिमाग़ और शरीर दोनों आराम करते हैं। इससे हम तरोताज़ा महसूस करते हैं और हमारा आत्मविश्वास भी बढ़ता है।
- **सही खानपान का ध्यान रखें।** जैसे हम गाड़ी में सही तेल डालते हैं, वैसे ही हमें अपने शरीर को भी सही पोषण देना चाहिए। पौष्टिक खाना खाने से हमारा शरीर और दिमाग़ दोनों स्वस्थ रहते हैं और हमारा आत्मविश्वास भी बढ़ता है।

- **अपने शौक पूरे करें।** अपने शौक पूरे करने से हमें खुशी मिलती है और हमारा मन प्रसन्न रहता है। इससे हमारा आत्मविश्वास भी बढ़ता है। जैसे, अगर आपको पेंटिंग करना पसंद है, तो समय निकालकर पेंटिंग करें।
- **दूसरों की मदद करें।** दूसरों की मदद करने से हमें खुशी मिलती है और हमें एहसास होता है कि हम किसी के काम आ सकते हैं। इससे हमारा आत्मविश्वास भी बढ़ता है। जैसे, किसी गरीब बच्चे को पढ़ाना, या किसी बुजुर्ग की मदद करना।

याद रहे जीवन में विपरीत और कठिन परिस्थितियाँ ज़रूर आती हैं। ऐसी परिस्थितियों से तो ईश्वर के अवतार श्री राम, श्री कृष्ण, माता वैष्णो देवी, मां दुर्गा देवी , भगवान यीशु मसीह, भगवान बुद्‌ध और भगवान महावीर जैन या अन्य कोई भी महान इंसान अछूता नहीं रह पाया है, अतः अगर हमें जिंदगी में कभी विपरीत या कठिन परिस्थितियों का सामना करना पड़े तो हमें अपना आत्मविश्वास बनाए रखना चाहिए और अगर कभी आत्मविश्वास की कमी हो भी जाए तो खुद को बदलकर फिर से आत्मविश्वासी बन जाना चाहिए।जैसे कि नीचे इस सच्ची घटना पर आधारित कहानी में बताया गया है कि खुद को बदलकर आत्मविश्वास से भरकर हम दुनिया में बदलाव ला सकते हैं। कहानी के मुख्य अंश इस प्रकार हैं-

मोहित, एक ऐसा लड़का जिसके सपनों में पंख लगे थे, दुनिया को अपनी आँखों से देखने की चाहत लिए जीता था। बचपन से ही उसे नई जगहों पर जाना, नए लोगों से मिलना बेहद पसंद था। ज़िंदगी को पूरी शिद्दत से जीने वाला मोहित, अपने सपनों को साकार करने के लिए बेताब था। लेकिन नियति को कुछ और ही मंज़ूर था। एक दिन अचानक उसकी ज़िंदगी ने करवट ली। मेनिन्जाइटिस ने उसे अपनी चपेट में ले लिया, जिससे उसके गुर्दे और घुटनों के नीचे दोनों पैरों ने काम करना बंद कर दिया। घरवालों ने हर संभव कोशिश की, लेकिन डॉक्टरों ने कहा कि पैर काटने ही होंगे। मोहित पर जैसे आसमान टूट पड़ा। पैरों को खो देने के बाद मोहित गहरे सदमे में चला गया। जो इंसान हमेशा घूमना फिरना चाहता था, अब बिस्तर से उठ भी नहीं पा रहा था। अपने अधूरे सपनों का ग़म उसे अंदर ही अंदर खाए जा रहा था। पर कहते हैं ना, उम्मीद की किरण कभी नहीं बुझती। कुछ वक़्त बाद, मोहित ने फिर से जीने का फैसला किया। डॉक्टरों की मदद से उसने कृत्रिम पैर लगवाए और धीरे-धीरे चलना सीखा। यह आसान नहीं था, हर कदम पर दर्द, हर पल चुनौती, लेकिन मोहित ने हार नहीं मानी। मोहित ने न सिर्फ़ चलना सीखा, बल्कि अपने नए पैरों से बर्फ़ पर भी चलना शुरू कर दिया। उसने अभियान दलों के साथ पहाड़ों पर चढ़ाई भी की। इतना ही नहीं, मोहित एक

मोटिवेशनल स्पीकर भी बन गया और लोगों को आत्मविश्वास का महत्व बताने लगा। मोहित की कहानी हमें सिखाती है कि अगर हम अपना आत्मविश्वास नहीं खोते, तो ज़िंदगी की कोई भी मुश्किल हमारे रास्ते का रोड़ा नहीं बन सकती। यह कहानी दिल को छू लेने वाली है क्योंकि यह दिखाती है कि इंसान के आत्मविश्वास में कितनी ताकत होती है और अगर हौसला बुलंद हो तो कोई भी बाधा हमें अपने सपनों को पूरा करने से नहीं रोक सकती।

जीवन में चुनौतियाँ तो आती ही रहती हैं। इनसे घबराने की बजाय इनका डटकर सामना करना चाहिए। हर चुनौती हमें कुछ नया सिखाती है और हमें और मजबूत बनाती है। आत्मविश्वास बढ़ाने के लिए खुद से प्यार करना और खुद को स्वीकार करना बहुत जरूरी है। हमें अपनी कमियों के साथ-साथ अपनी खूबियों को भी पहचानना चाहिए और खुद पर गर्व करना चाहिए। यह अध्याय आत्मविश्वास की अहमियत समझाता है और उसे बढ़ाने के तरीके बताता है। साथ ही, यह जीवन में आने वाली चुनौतियों का सामना करने और खुद से प्यार करने का महत्व भी समझाता है।

4. खुद को दुखी करना ही सबसे बड़ा पाप

जीवन एक ऐसा सफ़र है जिसमें सुख और दुःख दोनों ही आते-जाते रहते हैं। कभी खुशियों की बहार होती है, तो कभी गमों के बादल छा जाते हैं। जीवन में आघात और दुःख का होना उतना ही स्वाभाविक है जितना कि दिन के बाद रात का होना।पर कई बार, हम इन दुखों से उबर नहीं पाते। हम खुद को दोषी ठहराने लगते हैं, नकारात्मक विचारों में डूब जाते हैं, और आगे बढ़ने से इनकार कर देते हैं। यह सब खुद को दुखी करने के तरीके हैं। खुद को सज़ा देना, खुद पर दया न करना, यह सबसे बड़ा पाप है जो हम अपने प्रति कर सकते हैं।

एक प्रेरक कहानी

सुधा, एक साधारण सी लड़की, छोटे से गाँव में पली-बढ़ी। बचपन से ही उसमें पढ़ने की ललक थी, लेकिन परिवार की आर्थिक स्थिति और समाज की रुढ़िवादी सोच उसके रास्ते का रोड़ा बनी रही। फिर भी, सुधा ने हार नहीं मानी। खेतों में काम करते हुए, घर के काम निपटाते हुए, वह रात में दीये की रोशनी में पढ़ाई करती रही। गाँव के स्कूल से लेकर शहर के कॉलेज तक, उसने हर परीक्षा में सफलता हासिल की। एक दिन, उसके सपनों को पंख लगने ही वाले थे कि भाग्य ने उसके साथ क्रूर मज़ाक किया। एक भीषण सड़क दुर्घटना में उसने अपने माता-पिता को खो दिया। यह आघात उसके लिए असहनीय था। उसका सारा संसार उजड़ गया। निराशा और अकेलेपन ने उसे घेर लिया। उसने खुद को इस दुर्घटना के लिए जिम्मेदार ठहराना शुरू कर दिया। "काश मैं उस दिन उनके साथ गई होती," "काश मैंने उन्हें जाने से रोका होता" - ऐसे विचार उसे लगातार सताते रहते। लेकिन धीरे-धीरे, सुधा को एहसास हुआ कि खुद को दुखी करने से कुछ हासिल नहीं होगा। उसने अपने माता-पिता की यादों को अपने दिल में सँजोया और उनके सपनों को पूरा करने का प्रण लिया। उसने अपनी पढ़ाई जारी रखी और शिक्षा के क्षेत्र में आगे बढ़ने का निश्चय किया।

सुधा की कहानी हमें यह सिखाती है कि आघात के बाद खुद को दुखी करना कोई हल नहीं है। हमें अपनी आंतरिक शक्ति को पहचानना होगा और उस शक्ति का इस्तेमाल करके दुःख के अंधेरे से बाहर निकलना होगा। जीवन में चुनौतियाँ आती रहेंगी, लेकिन हमें हिम्मत नहीं हारनी चाहिए। हमें आगे बढ़ते रहना चाहिए और अपने सपनों को पूरा करना चाहिए।

आघात के बाद की मनोदशा

जीवन में कई बार ऐसे मोड़ आते हैं जब हम अत्यधिक पीड़ा और दुःख का अनुभव करते हैं। किसी प्रियजन की मृत्यु, रिश्ते में दरार, नौकरी छूटना, या कोई गंभीर बीमारी - ये सभी ऐसे आघात हैं जो हमारे मनोबल को तोड़ सकते हैं और हमें गहरे अवसाद में धकेल सकते हैं। ऐसे समय में, खुद को दुखी करना, अपने घावों को कुरेदना, और निराशा में डूबे रहना सबसे बड़ा पाप है। यह न केवल हमारे मानसिक स्वास्थ्य को नुकसान पहुंचाता है, बल्कि हमें आगे बढ़ने और जीवन में खुशियाँ ढूंढने से भी रोकता है।

आघात के बाद, मन विभिन्न भावनाओं के चक्रव्यूह में फंस जाता है:

- सदमा: घटना के तुरंत बाद, मन स्तब्ध रह जाता है, जैसे कुछ हुआ ही नहीं। यह एक सुरक्षा कवच की तरह काम करता है जो हमें अचानक आई पीड़ा से बचाता है।
- अविश्वास: धीरे-धीरे जब वास्तविकता का अहसास होता है, तो मन उसे स्वीकार करने से इनकार करता है। "ऐसा कैसे हो सकता है?" यह सवाल बार-बार मन में उठता है।
- गुस्सा: जब अविश्वास टूटता है, तो गुस्सा सामने आता है। यह गुस्सा खुद पर, दूसरों पर, या परिस्थितियों पर निर्देशित हो सकता है।
- निराशा: गुस्सा धीरे-धीरे निराशा में बदल जाता है। भविष्य अंधकारमय दिखाई देता है और जीवन बेमानी सा लगने लगता है।
- शून्यता: अंत में, एक गहरी शून्यता छा जाती है। मन सुन्न हो जाता है और कोई भी भावना उभार नहीं पाती।

- आघात के बाद, व्यक्ति अक्सर खुद को अलग-थलग और असहाय महसूस करता है। उसे लगता है कि कोई भी उसकी पीड़ा को नहीं समझ सकता। इस अकेलेपन के कारण, वह सामाजिक संपर्क से कतराने लगता है और खुद को दुनिया से दूर कर लेता है। शारीरिक स्तर पर भी, आघात का गहरा प्रभाव पड़ता है:
- नींद न आना: चिंता और डर के कारण, नींद उड़ जाती है। रातें करवटें बदलते बीतती हैं और दिन थकान और सुस्ती से भरा रहता है।
- भूख न लगना: दुःख और निराशा के कारण, भूख मिट जाती है। खाना बेस्वाद लगता है और शरीर कमजोर होने लगता है।
- जरूरत से ज्यादा खाना/सोना: कुछ लोग अपनी भावनाओं को दबाने के लिए जरूरत से ज्यादा खाने या सोने लगते हैं। यह एक अस्थायी राहत देता है, लेकिन दीर्घकालिक रूप से स्वास्थ्य को नुकसान पहुंचाता है।

मानसिक रूप से भी, आघात के बाद कई समस्याएं उत्पन्न हो सकती हैं:

- ध्यान केंद्रित करने में कठिनाई: मन भटकता रहता है और किसी भी काम में मन नहीं लगता। पढ़ाई या काम में मन लगाना मुश्किल हो जाता है।
- याददाश्त कमजोर होना: आघात के कारण, याददाश्त कमजोर हो सकती है। छोटी-छोटी बातें याद रखना भी मुश्किल हो जाता है।

यह समझना जरूरी है कि आघात के बाद ये सभी प्रतिक्रियाएं सामान्य हैं। यह मन का अपना तरीका है पीड़ा से निपटने का। लेकिन अगर ये लक्षण लंबे समय तक बने रहते हैं, तो यह चिंता का विषय है।

खुद को दुखी करने के तरीके जो सामान्य रूप से अनजाने में हम अपना लेते हैं

जब हम किसी दर्दनाक अनुभव से गुज़रते हैं, तो हमारा मन स्वाभाविक रूप से दुखी होता है। लेकिन कई बार, हम अनजाने में ही ऐसे व्यवहार अपना लेते हैं जो हमारे दुःख को और बढ़ा देते हैं। खुद को दुखी करने के ये तरीके एक ख़तरनाक चक्र बना सकते हैं जो हमें मानसिक और शारीरिक रूप से कमजोर कर देते हैं।

आइए, खुद को दुखी करने के कुछ आम तरीकों पर गौर करें:

- आत्म-दोष: जब कोई बुरी घटना घटती है, तो हम अक्सर खुद को उसके लिए जिम्मेदार ठहराने लगते हैं। "काश मैंने ऐसा न किया होता," "काश मैं वहाँ न गया होता" - ऐसे विचार हमें लगातार सताते रहते हैं। यह आत्म-दोष हमें अंदर ही अंदर खाए जाता है और हमें माफ़ी के लायक नहीं समझने देता।
- नकारात्मक विचारों का चक्र: दुखद घटना बार-बार हमारे मन में घूमती रहती है। हम उसके हर पहलू को याद करते हैं, हर बारीकी पर गौर करते हैं, और खुद को नकारात्मक विचारों में डुबो देते हैं। यह नकारात्मकता का चक्र हमें वर्तमान में जीने नहीं देता और भविष्य के लिए उम्मीद को खत्म कर देता है।
- आगे बढ़ने से इनकार: कुछ लोग दुःख में इतना डूब जाते हैं कि वे जीवन में आगे बढ़ने से ही इनकार कर देते हैं। वे अपने आप को दुनिया से अलग कर लेते हैं, अपने शौक छोड़ देते हैं, और रिश्तों को नज़रअंदाज़ करने लगते हैं। यह आत्म-त्याग उन्हें और भी गहरे अवसाद में धकेल देता है।
- स्वयं को नुकसान पहुँचाना: कुछ मामलों में, लोग अपने दुःख और गुस्से को शारीरिक या मानसिक रूप से खुद को नुकसान पहुँचाकर व्यक्त करते हैं। यह स्वयं को सज़ा देने का एक तरीका हो सकता है, या फिर भावनात्मक दर्द से राहत पाने का एक बेबस प्रयास।
- अन्य लोगों से दूरी बनाना: दुःख में डूबे हुए लोग अक्सर अपने प्रियजनों से भी दूरी बना लेते हैं। उन्हें लगता है कि कोई भी उनकी पीड़ा को नहीं समझ सकता, या फिर वे अपने आप को दूसरों पर बोझ बनने से बचाना चाहते हैं। यह अलगाव उन्हें और भी अकेला और असहाय महसूस कराता है।

यह याद रखना ज़रूरी है कि ये सभी व्यवहार हमें अस्थायी रूप से राहत दे सकते हैं, लेकिन दीर्घकालिक रूप से ये हमारे दुःख को और भी बढ़ा देते हैं। हमें इन नकारात्मक प्रवृत्तियों को पहचानना होगा और उनसे बचने के लिए सक्रिय कदम उठाने होंगे।

स्वयं को दुःख से मुक्त करने के उपाय

दुःख एक गहरा घाव की तरह होता है, जो हमें अंदर तक तोड़ देता है। लेकिन हर घाव की तरह, दुःख भी भर सकता है, अगर हम उसे भरने का मौका दें। यह एक यात्रा है, जिसमें समय लगता है, धैर्य की आवश्यकता होती है, और सबसे बढ़कर, खुद के प्रति करुणा की ज़रूरत होती है। यहाँ कुछ ऐसे उपाय दिए गए हैं जो हमें दुःख से मुक्ति दिलाकर, जीवन में नई उम्मीद और खुशी की ओर ले जा सकते हैं:

- ॐ स्वीकृति: दुःख से उबरने की पहली सीढ़ी है उस घटना को स्वीकार करना जिसने हमें दुखी किया है। यह सोचना बंद कर दें कि "काश ऐसा न हुआ होता।" जो हो गया, उसे बदला नहीं जा सकता। उस घटना को स्वीकार करें, अपनी भावनाओं को समझें, और उन्हें महसूस करने दें।

- ॐ आत्म-करुणा: खुद के प्रति दयालु बनें। जिस तरह आप किसी प्यारे दोस्त को सांत्वना देते, उसी तरह खुद को भी सांत्वना दें। खुद को दोष देना बंद करें और अपनी गलतियों को माफ़ कर दें। याद रखें, आप भी एक इंसान हैं, और इंसान गलतियाँ करते हैं।

- ॐ क्षमा: क्षमा एक शक्तिशाली औजार है जो हमें दुःख के बोझ से मुक्त कर सकता है। खुद को क्षमा करें, और अगर संभव हो तो, उन लोगों को भी क्षमा कर दें जो घटना के लिए जिम्मेदार थे।

- ॐ आभार: जीवन में मौजूद अच्छी चीजों के लिए आभार व्यक्त करें। अपने परिवार, दोस्तों, स्वास्थ्य, और उन सभी छोटी-छोटी खुशियों के लिए शुक्रगुज़ार रहें जो आपके जीवन में हैं। आभार का भाव हमें नकारात्मकता से बाहर निकालकर, सकारात्मकता की ओर ले जाता है।

स्वीकृति, आत्म-करुणा, क्षमा, और आभार - ये चार स्तंभ हमें दुःख के अंधेरे से बाहर निकालकर, खुशी की रोशनी की ओर ले जा सकते हैं। खुद को दुखी करना बंद करें, और इन उपायों को अपनाकर अपने जीवन में नई उम्मीद और खुशी का संचार करें।

आगे बढ़ने के लिए कदम

दुःख के सागर से बाहर निकलने के लिए, हमें सक्रिय कदम उठाने होंगे। यह एक संघर्ष है, लेकिन यह एक ऐसा संघर्ष है जिसे हम जीत सकते हैं। हमें बस खुद पर विश्वास रखना होगा और आगे बढ़ने की दिशा में कदम बढ़ाते रहना होगा।

यहाँ कुछ ऐसे कदम दिए गए हैं जो हमें इस यात्रा में मदद कर सकते हैं:

- ॐ सहायता समूह: अपने जैसे लोगों से जुड़ना बहुत मददगार हो सकता है। सहायता समूहों में, आप अपने अनुभव साझा कर सकते हैं, दूसरों की बातें सुन सकते हैं, और यह जान सकते हैं कि आप अकेले नहीं हैं।
- ॐ स्वस्थ जीवनशैली: शारीरिक स्वास्थ्य का मानसिक स्वास्थ्य से गहरा संबंध है। पौष्टिक आहार लें, नियमित रूप से व्यायाम करें, और पर्याप्त नींद लें। यह आपके मूड को बेहतर बनाने और तनाव को कम करने में मदद करेगा।
- ॐ मनोरंजन: अपने शौक को पूरा करें और खुद को व्यस्त रखें। यह आपको नकारात्मक विचारों से दूर रखेगा और आपको खुशी और संतुष्टि देगा।
- ॐ ध्यान और योग: ध्यान और योग मन को शांत करने और तनाव कम करने के प्रभावी तरीके हैं। ये आपको वर्तमान में जीने में मदद करते हैं और नकारात्मक भावनाओं से निपटने की क्षमता बढ़ाते हैं।

आघात के बाद खुद को दुखी करना सबसे बड़ा पाप है। यह हमें अंदर ही अंदर खाए जाता है और हमें जीवन में आगे बढ़ने से रोकता है। हमें यह समझना होगा कि दुःख एक स्वाभाविक भावना है, लेकिन हमें इसमें डूबे नहीं रहना चाहिए। जीवन में सुख और दुःख दोनों आते हैं, लेकिन हमें मुश्किल समय में भी खुद का साथ देना चाहिए। हमें अपनी आंतरिक शक्ति को पहचानना होगा और उस शक्ति का इस्तेमाल करके दुःख के अंधेरे से बाहर निकलना होगा। खुद पर दया करना, स्वयं को क्षमा करना, और आगे बढ़ने के लिए कदम उठाना ही सही रास्ता है। ज़िन्दगी में कई बार ऐसे मोड़ आते हैं जब विश्वास टूट जाता है, जैसे कोई हमारे विश्वास को ठेस पहुँचाए, या परिस्थितिवश हमारा विश्वास घायल हो जाए । ऐसे विश्वासघात से हमें गहरा आघात पहुँचता है। मन में गुस्सा, दुःख, और निराशा के भाव उमड़ते हैं। लेकिन इस दर्द में डूबे रहना, खुद को कोसना, और ज़िंदगी से हार मान लेना खुद के साथ सबसे बड़ा अन्याय है। याद रखें, आप किसी और की गलती की सज़ा

खुद को नहीं दे सकते। दूसरों द्वारा किया गया विश्वासघात उनकी कमज़ोरी है, आपकी नहीं। इस आघात से उबरने के लिए ज़रूरी है कि आप खुद पर दया करें, अपनी भावनाओं को स्वीकार करें, और समझें कि आप इस दर्द के हक़दार नहीं हैं। खुद को क्षमा करें और उस विश्वासघात को भूलने की कोशिश करें। याद रखें, ज़िन्दगी बहुत खूबसूरत है और आपके लिए भी इसमें खुशियाँ हैं। आगे बढ़ें और अपने आप को एक नया मौक़ा दें।

5. Comfort zone (आरामदायक क्षेत्र) से नई स्थिति या कठिन स्थिति में जाने के समय पर पैदा हुआ आत्मसंघर्ष

ज़िंदगी में हम सभी एक ऐसा दायरा बना लेते हैं जहाँ हम सुरक्षित और आरामदायक महसूस करते हैं। इसे ही कम्फर्ट ज़ोन कहते हैं। जैसे, अगर आप एक ही तरह का काम करते हैं, तो वही काम करते रहना चाहते हैं और कुछ भी नया, ना सीखना चाहते हैं और ना ही अपने काम में नयापन पसंद करते हैं तो यह आपका कम्फर्ट जोन में रहना कहलाएगा । सामान्य शब्दों में जीवन की बदलती परिस्थितियों के साथ खुद को बदलने में झिझक महसूस करना भी कम्फर्ट जोन में रहना हो सकता है। मनोवैज्ञानिक दृष्टिकोण से, कम्फर्ट ज़ोन वो मानसिक स्थिति है जहाँ हम कम से कम तनाव और चिंता महसूस करते हैं। यहाँ हम जानी-पहचानी चीज़ों से घिरे रहते हैं और कोई जोखिम नहीं लेते। कम्फर्ट ज़ोन के कुछ फायदे ज़रूर हैं। यह हमें सुरक्षा और स्थिरता का एहसास देता है। इससे हमारा तनाव कम होता है और हम आत्मविश्वास महसूस करते हैं। लेकिन, अगर हम हमेशा अपने कम्फर्ट ज़ोन में ही रहे, तो हम जीवन में आगे नहीं बढ़ पाएंगे। नए अनुभवों से वंचित रह जाएंगे और नई चीज़ें नहीं सीख पाएंगे। कम्फर्ट ज़ोन में रहने से हमारी प्रगति रुक जाती है और हम जीवन में खुशी और संतुष्टि से दूर हो सकते हैं। कम्फर्ट जोन से हमेशा जल्दी-जल्दी बाहर निकलने वाले लोग हमारे आस-पास ही होते हैं जो हमेशा आत्मविश्वास से भरे रहते हैं जैसे डिफेंस फोर्सेस (आर्मी, पुलिस आदि) के लोगों (महिला और पुरुष दोनों) की ड्यूटीज का स्थान और कार्य का प्रकार बदलता है इसका मतलब यही है कि वो जल्दी-जल्दी कम्फर्ट जोन से बाहर निकलना सीख जाते हैं और उनमें जीवन के प्रति इतना आत्मविश्वास पैदा हो जाता है कि उनमें हर परिस्थिति में एडजस्टमेंट की भावना का विकास हो जाता है।

कम्फर्ट ज़ोन से बाहर निकलना ज़रूरी है क्योंकि यही वो जगह है जहाँ असली विकास होता है। जब हम अपनी सीमाओं से बाहर कदम रखते हैं, तो हम नई चुनौतियों का सामना

करते हैं, नए कौशल सीखते हैं और अपने बारे में नई चीज़ें खोजते हैं। यह हमें आत्मविश्वासी, स्वतंत्र और सशक्त बनाता है। कम्फर्ट ज़ोन से बाहर निकलना आसान नहीं होता। कम्फर्ट ज़ोन से बाहर निकलना किसी नई डिश को पहली बार बनाने जैसा होता है। रेसिपी तो आपके सामने है, सामग्री भी मौजूद है, लेकिन फिर भी मन में थोड़ी घबराहट होती है कि स्वाद कैसा बनेगा, सबको पसंद आएगा या नहीं। ठीक इसी तरह, कम्फर्ट ज़ोन से बाहर निकलते समय भी हमें कई तरह की चुनौतियों का सामना करना पड़ता है:

- ॐ **अकेलापन:** मान लीजिए आप एक छोटे से शहर में रहते हैं। आपको पढ़ाई के लिए बड़े शहर जाना पड़ रहा है। आपके सारे दोस्त, रिश्तेदार यहीं हैं। आपको डर लगता है कि नए शहर में आप अकेले न पड़ जाएँ। मान लीजिए, आप अपनी पढ़ाई के लिए विदेश जाना चाहते हैं। लेकिन इसका मतलब है कि आपको अपने परिवार और दोस्तों से दूर रहना होगा। यह अकेलापन आपको दुखी कर सकता है। यही अकेलेपन का डर है।
- ॐ **अनिश्चितता का डर:** मान लीजिए, आप एक छोटे शहर में रहते हैं और आपको दिल्ली में नौकरी का ऑफर मिलता है। दिल्ली जाना आपके लिए कम्फर्ट ज़ोन से बाहर निकलने जैसा है। आपके मन में कई सवाल होंगे - क्या मुझे वहाँ अच्छा लगेगा? क्या मुझे नए लोगों से दोस्ती हो पाएगी? क्या मैं नए शहर में खुद को एडजस्ट कर पाऊँगा? यही अनिश्चितता का डर है।
- ॐ **असफलता का डर:** मान लीजिए आपको पेंटिंग का बहुत शौक है। आप सोचते हैं कि अपनी पेंटिंग्स की एक एग्ज़िबिशन लगाई जाए। लेकिन, डर लगता है कि लोगों को आपकी पेंटिंग्स पसंद आएँगी या नहीं। कहीं कोई पेंटिंग खरीदेगा भी या नहीं। मान लीजिए, आप एक गृहिणी हैं और आप अपना खुद का बिजनेस शुरू करना चाहती हैं। लेकिन आपके मन में डर है कि कहीं आप असफल न हो जाएँ। कहीं आपका बिजनेस न चल पाए तो? यह डर आपको आगे बढ़ने से रोक सकता है।यही असफलता का डर है।
- ॐ **आत्म-संदेह:** मान लीजिए, आप एक नई नौकरी में जाते हैं जहाँ आपको नई चीज़ें सीखनी होंगी। आपके मन में शक हो सकता है कि क्या आप यह कर पाएँगे? क्या आप नई चीज़ें सीखने में सक्षम हैं? यह आत्म-संदेह आपको पीछे खींच सकता

है।मान लीजिए आप एक नई ज़िम्मेदारी लेने वाले हैं। आपको डर लगता है कि क्या आप इस ज़िम्मेदारी को निभा पाएँगे? क्या आपमें इतनी क्षमता है? यही आत्म-संदेह है।

जीवन के विभिन्न पड़ावों पर कम्फर्ट ज़ोन (आरामदायक क्षेत्र) से बाहर निकलना

ज़िंदगी एक सफ़र है, और इस सफ़र में हमें कई पड़ावों से गुजरना पड़ता है। हर पड़ाव अपने आप में नई चुनौतियाँ और नए अनुभव लेकर आता है। कई बार इन पड़ावों पर हमें अपने कम्फर्ट ज़ोन से बाहर निकलना पड़ता है, जो एक संघर्ष भरा अनुभव हो सकता है। यह बिलकुल ऐसा ही है जैसे एक नदी कई घाटियों और मैदानों से होकर गुज़रती है। हर मोड़ पर उसे नई चुनौतियों का सामना करना पड़ता है।आइए देखते हैं कि ज़िंदगी के कुछ मुख्य पड़ावों पर यह संघर्ष कैसा दिखता है:

ॐ **बचपन:**

- **पहली बार स्कूल जाना:** याद करिए जब आप पहली बार स्कूल गए थे। घर के सुरक्षित माहौल से निकलकर एक नई जगह पर जाना, नए लोगों से मिलना, यह आपके लिए कितना मुश्किल था। यह आपके लिए पहली बार कम्फर्ट ज़ोन से बाहर निकलने का अनुभव था। अचानक से आपको एक ऐसी दुनिया में धकेल दिया जाता है जहाँ आपको नए नियमों का पालन करना होता है, नए लोगों से मिलना होता है और नई चीज़ें सीखनी होती हैं।
- **घर से दूर पढ़ाई के लिए जाना (छात्रावास):** कुछ बच्चों को पढ़ाई के लिए घर से दूर होस्टल में रहना पड़ता है। माँ-बाप का साथ छोड़कर, अपने कपड़े खुद धोना - यह सब उनके लिए एक बड़ी चुनौती होती है। यह उनके लिए पहली बार ज़िम्मेदारी और स्वतंत्रता का अनुभव होता है।
- **छुट्टियों के बाद वापस स्कूल/छात्रावास जाना:** छुट्टियों में घर पर मस्ती करने के बाद वापस स्कूल या होस्टल जाना भी बच्चों के लिए मुश्किल हो सकता है। घर के आराम और लाड-प्यार को छोड़कर फिर से स्कूल या होस्टल के नियमों में ढलना उन्हें अच्छा नहीं लगता।

⌘ युवावस्था:

- **उच्च शिक्षा के लिए घर से दूर जाना:** कॉलेज की पढ़ाई के लिए अक्सर युवाओं को अपने घर से दूर जाना पड़ता है। यह उनके लिए एक नया और अनजान अनुभव होता है। उन्हें नए शहर, नए लोगों और नए माहौल में खुद को ढालना होता है।
- **नौकरी के लिए घर से दूर जाना:** नौकरी की तलाश में कई बार युवाओं को अपने शहर या गाँव से दूर जाना पड़ता है। नए शहर में रहना, नए लोगों के साथ काम करना - यह सब उनके लिए एक बड़ा बदलाव होता है। उन्हें नई ज़िम्मेदारियों को निभाना होता है और एक स्वतंत्र जीवन शुरू करना होता है।
- **नए शहर, नए लोगों के साथ सामंजस्य बिठाना:** नए माहौल में खुद को ढालना, नए लोगों से दोस्ती करना - यह भी एक चुनौती होती है। इस दौरान अकेलापन और घर की याद सता सकती है।
- **छुट्टियों के बाद वापस काम पर जाना:** छुट्टियों के बाद वापस काम पर जाना भी कई बार मुश्किल होता है, खासकर जब हमें अपनी रूटीन में वापस आना हो। छुट्टियों के आराम और मौज-मस्ती के बाद फिर से काम पर ध्यान केंद्रित करना मुश्किल हो सकता है।

⌘ **वैवाहिक जीवन:**

- **शादी के बाद नए घर में समायोजन:** शादी के बाद लड़की को अपने ससुराल में एडजस्ट करना पड़ता है। नए परिवार के साथ रहना, नए रिश्ते निभाना - यह उसके लिए एक बड़ा बदलाव होता है। लड़के को भी शादी के बाद अपनी ज़िम्मेदारियों को समझना और निभाना पड़ता है।
- **मायके से ससुराल वापस जाना:** शादी के बाद लड़की जब अपने मायके से ससुराल वापस जाती है, तो उसे फिर से अपने ससुराल के माहौल में ढलना होता है।मायके का सुकून, वो बेफ़िक्री छोड़ने का मन नहीं करता।

⌘ वृद्धावस्था:

- सेवानिवृत्ति के बाद व्यक्ति को अपने जीवन में कई बदलावों का सामना करना पड़ता है। काम से दूर होना, खाली समय का सदुपयोग करना - यह उसके लिए एक

चुनौती हो सकता है। उन्हें अपनी नई रूटीन में ढलना होता है और अपने शौक और रुचियों को समय देना होता है। जो लोग किसान या व्यवसाय करने वाले, उन्हें बढ़ती उम्र के साथ शारीरिक काम करने में दिक्कत हो सकती है। उन्हें अपने काम का बोझ कम करने के तरीके ढूंढने पड़ सकते हैं या अपने बच्चों से मदद लेनी पड़ सकती है। बढ़ती उम्र के साथ हमें अपने भाई-बहनों, रिश्तेदारों और दोस्तों को खोने का दुःख भी झेलना पड़ सकता है। हर बार ऐसा होने पर हमें अपने कम्फर्ट ज़ोन से बाहर निकलकर इस नुकसान को स्वीकार करना होता है और ज़िंदगी में आगे बढ़ना होता है। माँ-बाप को अकेलापन महसूस हो सकता है।

- बढ़ती उम्र के साथ स्वास्थ्य संबंधी समस्याएं भी आती हैं। इन समस्याओं से निपटना भी एक चुनौती होती है।

⌘ **नई पैदा हुई स्थिति:** किसी भी उम्र में, चाहे वो बचपन हो, युवावस्था हो या वृद्धावस्था, परिवार के किसी सदस्य का अचानक चले जाना एक बहुत बड़ा झटका होता है। यह हमें मानसिक और भावनात्मक रूप से तोड़ देता है। इस दुःख से उबरना और ज़िंदगी में आगे बढ़ना एक बड़ी चुनौती होती है। कई बार व्यावसायिक या कोई अन्य नुकसान या कोई कठिनाई भी जीवन में नई कठिन स्थिति पैदा कर सकते हैं। हमें इस नुकसान को स्वीकार करना होता है और धीरे-धीरे अपने आप को इस नई पैदा हुई या आने वाली स्थिति के साथ ढालना होता है।

कम्फर्ट ज़ोन (आरामदायक क्षेत्र) से बाहर निकलने के फायदे

कल्पना कीजिए कि आप एक ऐसे पौधे हैं जो एक छोटे से गमले में लगा है। आपके पास सीमित मिट्टी, पानी और धूप है। आप उस गमले में तो सुरक्षित हैं, लेकिन क्या आप पूरी तरह से विकसित हो पाएंगे? नहीं न! ठीक इसी तरह, कम्फर्ट ज़ोन एक छोटे से गमले की तरह है जो हमें अपनी पूरी क्षमता तक पहुँचने से रोकता है। जब हम इस गमले से बाहर निकलते हैं, तो हमें विकास के लिए ज़्यादा जगह, ज़्यादा संसाधन मिलते हैं। कम्फर्ट ज़ोन से बाहर निकलने के कुछ महत्वपूर्ण फायदे इस प्रकार हैं:

- ॐ **व्यक्तिगत विकास:** जैसे पौधा बड़े गमले में जाकर ज़्यादा फैलता है, उसी तरह कम्फर्ट ज़ोन से बाहर निकलकर हम नए अनुभवों से सीखते हैं और विकसित होते हैं। मान लीजिए, आप साइकिल चलाना सीख रहे हैं। शुरू में आप डरते हैं, गिरते हैं, लेकिन धीरे-धीरे आप सीख जाते हैं। यह एक नया अनुभव आपको साइकिल चलाना तो सिखाता ही है, साथ ही आपको गिरने के बाद उठने का हौसला भी देता है।
- ॐ **आत्मविश्वास में वृद्धि:** जब आप साइकिल चलाना सीख जाते हैं, तो आपको खुद पर गर्व होता है। आपका आत्मविश्वास बढ़ता है। ठीक इसी तरह, कम्फर्ट ज़ोन से बाहर निकलकर चुनौतियों का सामना करने से हमारा आत्मविश्वास बढ़ता है। हमें यह एहसास होता है कि हम मुश्किलों से लड़ सकते हैं और उन्हें जीत सकते हैं।
- ॐ **नए कौशल का विकास:** कम्फर्ट ज़ोन से बाहर निकलने पर हमें नई परिस्थितियों का सामना करना पड़ता है जिनसे हम नए कौशल सीखते हैं। मान लीजिए, आप अपने शहर से बाहर जाकर पढ़ाई करते हैं। आपको नए लोगों से मिलना होगा, नई जगह में रहना होगा, खुद का ध्यान रखना होगा। यह सब आपको ज़िंदगी के कई ज़रूरी कौशल सिखाएगा।
- ॐ **सफलता की प्राप्ति:** कम्फर्ट ज़ोन में रहकर हम अपने सपनों को पूरा नहीं कर सकते। सफलता पाने के लिए हमें जोखिम लेना होगा, नए रास्ते तलाशने होंगे। कम्फर्ट ज़ोन से बाहर निकलकर ही हम अपने लक्ष्यों को प्राप्त कर सकते हैं।
- ॐ **खुशी और संतुष्टि:** जब हम कुछ नया करते हैं, चुनौतियों का सामना करते हैं और उन्हें जीतते हैं, तो हमें खुशी और संतुष्टि मिलती है। हमें यह एहसास होता है कि हम अपनी क्षमताओं का पूरा उपयोग कर रहे हैं।

इस तरह, कम्फर्ट ज़ोन से बाहर निकलना हमें एक बेहतर इंसान बनाता है। यह हमें विकास,आत्मविश्वास, नए कौशल, सफलता और खुशी की ओर ले जाता है।

कम्फर्ट ज़ोन (आरामदायक क्षेत्र) से बाहर निकलने के मनोवैज्ञानिक प्रभाव

कल्पना कीजिए, आप सालों से एक ही शहर में, एक ही घर में रह रहे हैं। अचानक आपको किसी दूसरे शहर में शिफ्ट होना पड़े। शुरू-शुरू में आपको बेचैनी होगी, घबराहट होगी। नया घर, नए लोग, नई जगह - सब कुछ अनजाना सा लगेगा। कम्फर्ट ज़ोन से बाहर निकलने पर

भी कुछ ऐसा ही होता है। यह एक मानसिक और भावनात्मक रोलर कोस्टर की तरह है, जिसके कुछ प्रभाव इस प्रकार हैं:

- **तनाव और चिंता:** जब हम अपने कम्फर्ट ज़ोन से बाहर निकलते हैं, तो हमें नए माहौल में ढलना पड़ता है। नई चीज़ें सीखनी पड़ती हैं, नए लोगों से मिलना पड़ता है। यह सब कुछ हमें तनाव और चिंता दे सकता है। जैसे किसी नई नौकरी में जाने पर काम का दबाव, नए लोगों से घुलने-मिलने की चिंता हो सकती है।
- **उदासी और अवसाद:** कभी-कभी कम्फर्ट ज़ोन से बाहर निकलने पर हमें अकेलापन और निराशा महसूस हो सकती है। जैसे किसी नए शहर में जाने पर अपने पुराने दोस्तों की याद आना, परिवार से दूर रहने का गम हो सकता है।
- **घबराहट:** नई परिस्थितियों का सामना करने में हमें घबराहट हो सकती है। जैसे पहली बार स्टेज पर बोलने से पहले घबराहट होना, किसी इंटरव्यू में जाने से पहले नर्वस होना आदि।
- **आत्मविश्वास में कमी:** कभी-कभी असफलता का डर हमें अपने आत्मविश्वास को कम कर सकता है। जैसे किसी परीक्षा में फेल होने के बाद लग सकता है कि हम कुछ भी नहीं कर सकते।
- **स्वास्थ्य पर प्रभाव:** मानसिक तनाव का असर हमारे शारीरिक स्वास्थ्य पर भी पड़ता है। तनाव के कारण हमें नींद न आने की समस्या, सिरदर्द, भूख न लगना जैसी शिकायतें हो सकती हैं।
- यह ज़रूरी है कि हम इन मनोवैज्ञानिक प्रभावों को समझें और उनसे निपटने के लिए तैयार रहें।

कम्फर्ट ज़ोन (आरामदायक क्षेत्र) से बाहर निकलने के लिए प्रयास

कम्फर्ट ज़ोन से बाहर निकलना किसी अनजान समुद्र में नाव चलाने जैसा है। शुरुआत में डर लगता है, लेकिन धीरे-धीरे आप समुद्र की लहरों को समझने लगते हैं और नाव चलाना सीख जाते हैं। आपको अपनी इस यात्रा में मदद करने के लिए यहाँ कुछ सुझाव हैं:

- ॐ **धीरे-धीरे बदलाव लाएं:** मान लीजिए, आप सुबह जल्दी उठने की आदत डालना चाहते हैं। इसके लिए पहले दिन से ही चार बजे उठने की कोशिश न करें। शुरुआत में अपने उठने के समय में सिर्फ़ 15-20 मिनट का ही बदलाव लाएँ। धीरे-धीरे आप अपने लक्ष्य तक पहुँच जाएँगे।

ॐ **लक्ष्य निर्धारित करें:** अगर आप नौकरी के लिए तैयारी करना चाहते हैं तो खुद से बात करके कागज पर लिखें कि आपको क्या-क्या करना है और उसे हमेशा समय-समय पर देखते रहें।

ॐ **सकारात्मक सोच रखें:** हमेशा अच्छा सोचें। खुद पर भरोसा रखें। याद रखें, आप जितना सोचते हैं, उससे कहीं ज़्यादा ताकतवर हैं।

ॐ **समर्थन प्राप्त करें:** अगर ज्यादा बेचैनी हो जाए तो खुद से बात करें और खुद के पूर्व अनुभवों को याद कर खुद का मार्गदर्शन प्राप्त करें। फिर भी अगर बेचैनी ना संभले तो अपने परिवार और दोस्तों से बात करें। उन्हें अपनी चुनौतियों के बारे में बताएँ, आपको स्थिति समझने और संभालने में मदद मिलेगी।

ॐ **खुद को चुनौती दें:** नए अनुभवों को अपनाएँ। नई चीज़ें सीखें। अपनी सीमाओं को पार करें। जैसे, अगर आपको स्टेज पर बोलने से डर लगता है तो घर में सबके सामने बोलकर इस अनुभव को महसूस करे और मौका मिलने पर स्टेज पर जाकर घर के अनुभव को महसूस / याद करके रिलैक्स होकर बोलने का प्रयास करे।।

ॐ **आत्म-जागरूकता:** अपनी भावनाओं को समझें। जब आप डर या चिंता महसूस करें, तो उसे स्वीकार करें। भावनाओं को दबाने की कोशिश न करें।

ॐ **धैर्य रखें:** बदलाव में समय लगता है। धैर्य रखें और प्रयास करते रहें। हार न मानें।

कम्फर्ट ज़ोन से बाहर निकलना एक मुश्किल काम है, लेकिन यह ज़रूरी भी है। यह हमें एक बेहतर इंसान बनाता है। यह हमें सफलता और खुशी के रास्ते पर ले जाता है। अगर आप सही रणनीति और सकारात्मक सोच के साथ आगे बढ़ेंगे, तो आप ज़रूर कामयाब होंगे।

6. “जो चाहते हैं उसे प्राप्त न कर पाएँ तो या जैसा हमने सोचा है वैसा नहीं हुआ तो” - के डर से आत्म संघर्ष

इंसान होने का मतलब ही है, इच्छाओं का होना। जैसे एक पौधे को बढ़ने के लिए धूप, पानी और मिट्टी की ज़रूरत होती है, वैसे ही इंसान को आगे बढ़ने के लिए इच्छाओं की ज़रूरत होती है। ये इच्छाएँ हमें प्रेरित करती हैं, हमें ऊर्जा देती हैं, और हमें जीवन में कुछ हासिल करने के लिए प्रोत्साहित करती हैं।

इच्छाओं का मानव जीवन में महत्व

एक छोटा बच्चा चॉकलेट की इच्छा करता है, एक किशोर नए फ़ोन की, एक युवा अच्छी नौकरी की, और एक बुज़ुर्ग शांतिपूर्ण जीवन की। ये सभी इच्छाएँ, हालांकि अलग-अलग हैं, लेकिन इनका मूल एक ही है - खुशी पाना, संतुष्टि पाना। इच्छाएँ हमें जीवित रखती हैं, हमें उद्देश्य देती हैं।

"पाने" की चाहत और उससे जुड़ा डर

लेकिन हर इच्छा के साथ एक डर भी जुड़ा होता है - "क्या होगा अगर मुझे यह नहीं मिला?" यह डर, यह अनिश्चितता, हमें अंदर ही अंदर खाने लगती है। यह डर हमें कमज़ोर बना सकता है, हमें निराश कर सकता है, और हमें आगे बढ़ने से रोक सकता है।

"डर का आत्म संघर्ष में परिवर्तन"

यह डर जब हद से ज़्यादा बढ़ जाता है, तो यह एक आत्म संघर्ष में बदल जाता है। व्यक्ति खुद से ही लड़ने लगता है, खुद को ही कोसने लगता है। "मैं क्यों नहीं पा सकता?", "मेरे साथ

ही ऐसा क्यों होता है?", "मैं असफल क्यों हो रहा हूँ?" ये सवाल उसके मन में घूमते रहते हैं, और उसे शांति से जीने नहीं देते।

उदाहरण:

- एक छात्र परीक्षा में अच्छे अंकों से पास होना चाहता है ताकि उसे अपने मनपसंद कॉलेज में दाखिला मिल सके। लेकिन उसे डर है कि कहीं वह असफल हो गया तो? यह डर उसे अत्यधिक चिंता और तनाव दे सकता है, जिससे उसकी सेहत और पढ़ाई दोनों प्रभावित हो सकते हैं।
- एक युवती अपने सपनों का व्यवसाय शुरू करना चाहती है। लेकिन उसे डर है कि कहीं वह असफल हो गई तो? यह डर उसे अपना आइडिया किसी को बताने से रोक सकता है, या फिर उसे कोई जोखिम लेने से रोक सकता है।
- एक वृद्ध व्यक्ति अपने बच्चों के साथ समय बिताना चाहता है, लेकिन उसे डर है कि कहीं वह उनके लिए बोझ बन गया तो? यह डर उसे अपने बच्चों से दूर रहने के लिए मजबूर कर सकता है, जिससे वह अकेला और उदास रह सकता है।

डर के मूल कारण

जीवन एक अनवरत यात्रा है, जिसमें सुख-दुःख, सफलता-असफलता, आशा-निराशा सभी कुछ समाया हुआ है। इस यात्रा में हम सभी कुछ "पाना" चाहते हैं - प्यार, सम्मान, सफलता, खुशी। लेकिन यह "पाने" की चाहत ही कई बार एक डर का रूप ले लेती है - "जो चाहते हैं उसे प्राप्त न कर पाएँ तो?" या "जैसा हमने सोचा है वैसा नहीं हुआ तो?" यह डर हमारे मन में एक आत्म संघर्ष को जन्म देता है, जो हमें अंदर ही अंदर कमज़ोर कर देता है।

आइए, इस डर के कुछ मूल कारणों को समझते हैं:

- **अनिश्चितता का डर:** जीवन में कुछ भी निश्चित नहीं है। यह एक बुनियादी सच्चाई है, जिसे हम अक्सर नज़रअंदाज़ कर देते हैं। हम अपने भविष्य की योजनाएँ बनाते हैं, सपने देखते हैं, लेकिन हमें यह नहीं पता कि कल क्या होगा। यह अनिश्चितता हमें डराती है। हम सोचते हैं, "क्या होगा अगर मेरी योजनाएँ सफल नहीं हुईं? क्या होगा अगर मेरे सपने टूट गए?"

- **असफलता का डर:** हमारे समाज में सफलता को बहुत महत्व दिया जाता है। बचपन से ही हमें यह सिखाया जाता है कि हमें सफल होना है, चाहे कुछ भी हो जाए। इस दबाव के कारण, हम असफलता से डरने लगते हैं। हम सोचते हैं, "क्या होगा अगर मैं परीक्षा में फेल हो गया? क्या होगा अगर मुझे नौकरी नहीं मिली? क्या होगा अगर मैं अपने माता-पिता की उम्मीदों पर खरा नहीं उतर पाया?"
- **नियंत्रण खोने का डर:** हम सभी अपने जीवन और भविष्य पर नियंत्रण रखना चाहते हैं। लेकिन कई बार ऐसा होता है कि चीजें हमारी योजना के मुताबिक नहीं होतीं। ऐसे में हमें डर लगता है कि हम नियंत्रण खो रहे हैं। हम सोचते हैं, "क्या होगा अगर मेरे हाथ से सब कुछ निकल गया? क्या होगा अगर मैं अपनी ज़िंदगी को संभाल नहीं पाया?"
- **अस्वीकृति का डर:** हम सभी समाज में स्वीकार किये जाना चाहते हैं। हमें डर लगता है कि अगर हम दूसरों से अलग होंगे, तो हमें अस्वीकार कर दिया जाएगा। इस डर के कारण, हम अपनी इच्छाओं को दबाने लगते हैं और दूसरों की उम्मीदों पर खरा उतरने की कोशिश करते हैं। हम सोचते हैं, "क्या होगा अगर मैं अपनी बात कहूँगा और लोग मुझे पसंद नहीं करेंगे? क्या होगा अगर मैं अपने सपनों का पीछा करूँगा और लोग मुझे गलत समझेंगे?"

यह डर युवाओं में बहुत आम है। परीक्षाओं का दबाव, प्रतिस्पर्धा का माहौल, और भविष्य की चिंता युवाओं को असफलता के डर से घेर लेती है। वे सोचते हैं, "क्या होगा अगर मैं परीक्षा में अच्छे अंक नहीं ला पाया? क्या होगा अगर मुझे अच्छी कॉलेज में दाखिला नहीं मिला? क्या होगा अगर मुझे अच्छी नौकरी नहीं मिली?" यह डर उन्हें अत्यधिक तनाव में डाल सकता है, जिससे उनके मानसिक और शारीरिक स्वास्थ्य पर बुरा असर पड़ सकता है।

उदाहरण:

रिया: रिया एक मेधावी छात्रा है, लेकिन उसे परीक्षाओं से पहले घबराहट होती थी। पहले वह इस घबराहट के कारण परीक्षा में अच्छा प्रदर्शन नहीं कर पाती थी। लेकिन फिर उसने सोचा कि घबराहट से कुछ नहीं होगा, बल्कि इससे उसकी मेहनत पर पानी फिर जाएगा। उसने अपनी इस घबराहट को दूर करने के लिए ध्यान और योग का सहारा लिया। साथ ही, परीक्षा की तैयारी को छोटे-छोटे हिस्सों में बाँटकर एक समय सारिणी बनाई और उसका पालन

किया। रिया ने अपनी कमजोरियों पर काम किया और नियमित रूप से अपने शिक्षकों से मार्गदर्शन लिया। धीरे-धीरे उसका आत्मविश्वास बढ़ता गया और वह परीक्षाओं में बेहतर प्रदर्शन करने लगी।

गुंजन: गुंजन एक शर्मीली लड़की थी। उसे नए लोगों से मिलने और उनसे बात करने में डर लगता था। स्कूल के एक कार्यक्रम में उसे भाषण देना था, लेकिन वह बहुत घबरा गई। उसने सोचा कि वह यह नहीं कर पाएगी। लेकिन फिर उसने खुद को समझाया कि डर से कुछ नहीं होगा। उसने अपने भाषण का अभ्यास किया, अपने आप को तैयार किया, और कार्यक्रम में हिम्मत करके भाषण दिया। शुरुआत में वह थोड़ी नर्वस थी, लेकिन धीरे-धीरे उसका डर दूर हो गया और उसने अपना भाषण पूरा किया। सभी ने उसकी प्रशंसा की और उसे बहुत अच्छा लगा।

इन उदाहरणों से पता चलता है कि डर एक प्राकृतिक भावना है, लेकिन यह हमें नियंत्रित नहीं कर सकता। अगर हम हिम्मत करें और सकारात्मक रवैया अपनाएँ, तो हम अपने डर पर काबू पा सकते हैं और अपने लक्ष्यों को हासिल कर सकते हैं।

यह डर, यह "क्या होगा अगर..." वाला सवाल, धीरे-धीरे हमारे मन में एक आत्म संघर्ष का रूप ले लेता है। हम खुद से ही लड़ने लगते हैं। हम अपनी इच्छाओं और अपने डर के बीच फँस जाते हैं। हम आगे बढ़ना चाहते हैं, लेकिन डर हमें पीछे खींचता रहता है। यह आत्म संघर्ष हमें कमज़ोर बना देता है, हमारा आत्मविश्वास डगमगा जाता है, और हम निराशा के दलदल में धँसते चले जाते हैं।

विभिन्न आयु वर्गों में डर का स्वरूप: (किशोरावस्था)

किशोरावस्था जीवन का वह पड़ाव है जहाँ बच्चा वयस्क बनने की ओर अग्रसर होता है। यह शारीरिक और मानसिक परिवर्तनों का दौर होता है, जहाँ "पाने" की इच्छाएँ साथ-साथ "न पाने" का डर भी जन्म लेता है।

- **किशोर लड़का:** इस उम्र में लड़के अपने दोस्तों के बीच अपनी पहचान बनाने, खेल या पढ़ाई में अव्वल आने, और आकर्षक दिखने की चाहत रखते हैं। शारीरिक बदलावों के कारण उनके मन में कई असुरक्षाएँ भी होती हैं।

- **किशोरी लड़की:** किशोरावस्था में लड़कियाँ भी सामाजिक स्वीकृति, शरीर की छवि, और भविष्य को लेकर चिंतित रहती हैं। **उदाहरण:** सीमा को डर है कि अगर वह पतली नहीं हुई तो कोई उसे पसंद नहीं करेगा और उसे "सुंदर" नहीं माना जाएगा। यह डर उसे अपने शरीर को लेकर असुरक्षित बना सकता है, और उसे अस्वस्थ आहार या व्यायाम की आदतों की ओर धकेल सकता है।

(वयस्कता)

वयस्कता में, ज़िम्मेदारियाँ बढ़ जाती हैं, और "पाने" की इच्छाएँ भी बदल जाती हैं। यहाँ डर मुख्य रूप से आर्थिक सुरक्षा, करियर, और परिवार से जुड़ा होता है।

- **वयस्क पुरुष:** एक वयस्क पुरुष पर अपने परिवार का भरण-पोषण करने, उन्हें एक अच्छा जीवन देने का दबाव होता है। करियर में सफलता उसके लिए बहुत महत्वपूर्ण हो जाती है।
- **वयस्क महिला:** एक वयस्क महिला पर करियर और परिवार के बीच संतुलन बनाने का दबाव होता है। उसे डर होता है कि कहीं वह इन दोनों ज़िम्मेदारियों को अच्छे से न निभा पाई तो? एक एकल माँ को अपने बच्चों की परवरिश अकेले करने, उन्हें आर्थिक और भावनात्मक रूप से सुरक्षित रखने की चिंता होती है। उसे डर होता है कि कहीं वह यह सब अकेले नहीं कर पाई तो?
- **बच्चों की सफलता को लेकर डर:** वयस्क माता-पिता को अपने बच्चों की शिक्षा, नौकरी, और करियर को लेकर भी डर होता है। उन्हें डर होता है कि कहीं उनके बच्चे जीवन में सफल नहीं हो पाए तो?

(वृद्धावस्था)

वृद्धावस्था में, शारीरिक और मानसिक क्षमताएँ कम होने लगती हैं। इस उम्र में डर मुख्य रूप से अकेलेपन, बीमारी, और मृत्यु से जुड़ा होता है।

- **वृद्ध पुरुष:** एक वृद्ध पुरुष को डर होता है कि कहीं उसे अकेला छोड़ दिया जाएगा तो? कहीं उसकी सेहत खराब हो गई तो उसकी देखभाल कौन करेगा?

- **वृद्ध महिला:** एक वृद्ध महिला को भी अकेलेपन और बीमारी का डर होता है। उसे डर होता है कि कहीं वह अपनी स्वतंत्रता खो देगी तो? कहीं वह दूसरों पर बोझ बन जाएगी तो?

यह याद रखना ज़रूरी है कि डर हर उम्र में अलग-अलग रूप ले सकता है।

डर के मनोवैज्ञानिक और शारीरिक प्रभाव

जब "पाने" की चाहत डर में बदल जाती है, तो यह डर हमारे मन और शरीर दोनों पर गहरा असर डालता है। यह हमें अंदर ही अंदर खोखला कर देता है, हमारी ऊर्जा को चूस लेता है, और हमें आगे बढ़ने से रोकता है।

मनोवैज्ञानिक प्रभाव:

- **चिंता:** डर का सबसे आम मनोवैज्ञानिक प्रभाव है चिंता। जब हम किसी चीज़ को लेकर चिंतित होते हैं, तो हमारा मन उसी में उलझा रहता है। हम भविष्य के बारे में नकारात्मक सोचते हैं और अपनी समस्याओं का कोई हल नहीं निकाल पाते।
- **तनाव:** चिंता जब हद से ज़्यादा बढ़ जाती है, तो यह तनाव का रूप ले लेती है। तनाव में हम चिड़चिड़े हो जाते हैं, गुस्सा करते हैं, और छोटी-छोटी बातों पर परेशान हो जाते हैं।
- **अवसाद:** अगर डर और चिंता लंबे समय तक बनी रहती है, तो यह अवसाद का कारण बन सकती है। अवसाद में व्यक्ति उदासी, निराशा और थकान महसूस करता है। उसे किसी भी चीज़ में मन नहीं लगता और वह अकेला रहना पसंद करता है।
- **आत्मविश्वास की कमी:** डर हमारे आत्मविश्वास को भी कम कर सकता है। जब हमें अपनी क्षमताओं पर भरोसा नहीं रहता, तो हम कोई भी नया काम करने से डरते हैं। हम सोचते हैं कि हम उस काम को नहीं कर पाएंगे और असफल हो जाएंगे।
- **निराशा:** जब हम अपनी इच्छाओं को पूरा नहीं कर पाते, तो हमें निराशा होती है। यह निराशा हमें अंदर ही अंदर तोड़ देती है और हमें आगे बढ़ने से रोकती है।
- **गुस्सा:** कई बार डर और निराशा गुस्से का रूप ले लेती है। हम अपने आसपास के लोगों पर गुस्सा करते हैं, उन्हें दोष देते हैं, और उनसे झगड़ा करते हैं।

- **अनिद्रा:** डर और चिंता के कारण हमें नींद नहीं आती। हम रात में कई घंटों तक जागते रहते हैं और अगले दिन थका हुआ और चिड़चिड़ा महसूस करते हैं।

शारीरिक प्रभाव:

- **भूख न लगना:** डर और चिंता के कारण हमें भूख नहीं लगती। हम खाना नहीं खाते और कमज़ोर हो जाते हैं।
- **सिरदर्द:** तनाव के कारण हमें सिरदर्द हो सकता है। यह सिरदर्द हल्का या तेज़ हो सकता है और कई घंटों तक रह सकता है।
- **पेट दर्द:** चिंता और तनाव के कारण हमें पेट दर्द हो सकता है। यह दर्द हल्का या तेज़ हो सकता है और कई घंटों तक रह सकता है।
- **थकान:** डर और चिंता के कारण हम थका हुआ महसूस करते हैं। हमें कोई भी काम करने की ऊर्जा नहीं रहती और हम आलसी हो जाते हैं।
- **रक्तचाप में बदलाव:** डर और चिंता के कारण हमारा रक्तचाप बढ़ सकता है। यह हमारे हृदय के लिए हानिकारक हो सकता है।
- **हृदय गति में तेजी:** डर और चिंता के कारण हमारी हृदय गति तेज़ हो सकती है। यह भी हमारे हृदय के लिए हानिकारक हो सकता है।

डर से निपटने के स्वस्थ तरीके

ॐ **स्वीकृति: अपने डर को स्वीकार करें और उसे दबाने की कोशिश न करें।**

अपने डर को स्वीकार करना पहला कदम है। जब हम अपने डर को पहचानते हैं, तो हम उसे समझने और उससे निपटने की दिशा में बढ़ सकते हैं। उदाहरण के लिए, यदि किसी को सार्वजनिक बोलने का डर है, तो उसे यह स्वीकार करना होगा कि यह डर वास्तविक है। एक बार जब वह इसे स्वीकार कर लेता है, तो वह धीरे-धीरे इस स्थिति का सामना करने के लिए तैयार हो सकता है, जैसे कि छोटे समूहों में बोलना शुरू करना। मान लीजिए आपने किसी परीक्षा के लिए बहुत मेहनत की, लेकिन फिर भी आप उसमें असफल हो गए। ऐसे में आपको लग सकता है कि आपकी मेहनत बेकार गई, आपमें काबिलियत नहीं है, या आप दूसरों से कमतर हैं। यह डर आपको आगे बढ़ने से रोक सकता है, और आप अगली बार परीक्षा देने से

ही हिचकिचा सकते हैं। आपने कई जगह नौकरी के लिए आवेदन किया, इंटरव्यू दिए, लेकिन फिर भी आपको नौकरी नहीं मिली। ऐसे में आपको लग सकता है कि आपमें कुछ कमी है, आप किसी काम के नहीं हैं, या आपको कोई पसंद नहीं करता। यह डर आपको निराश कर सकता है, और आप नौकरी ढूँढ़ना ही छोड़ सकते हैं। मान लीजिए आपका कोई बहुत प्रिय खिलौना, किताब, या कोई और चीज़ खो गई। ऐसे में आपको बहुत दुःख होगा, और आपको लग सकता है कि आपकी लापरवाही की वजह से वो चीज़ खो गई। यह डर आपको भविष्य में किसी भी चीज़ से लगाव रखने से रोक सकता है, क्योंकि आपको डर होगा कि कहीं वो चीज़ भी खो न जाए। यह डर हमारे भीतर एक आत्म संघर्ष पैदा करता है। हम अपने अंदर ही अंदर एक लड़ाई लड़ रहे होते हैं - अपने डर से, अपनी असुरक्षाओं से, अपनी कमज़ोरियों से।

डर के पीछे का मनोविज्ञान

यह डर दरअसल हमारे अस्तित्व से जुड़ा हुआ है। हम सभी सुरक्षित रहना चाहते हैं, सफल होना चाहते हैं, खुश रहना चाहते हैं। जब हमें लगता है कि हम जो चाहते हैं वो हमें नहीं मिलेगा, या फिर हम असफल हो जाएंगे, तो हमें अपने अस्तित्व पर खतरा महसूस होने लगता है। यह खतरा हमें डराता है, और हम उससे बचने की कोशिश करते हैं।

ॐ **सकारात्मक सोच: नकारात्मक विचारों को पहचानें और उन्हें सकारात्मक विचारों से बदलें।**

जब हम नकारात्मक विचारों में फंस जाते हैं, तो यह हमारे आत्मविश्वास को कमजोर करता है। सकारात्मक सोच विकसित करने के लिए, व्यक्ति को अपने नकारात्मक विचारों की पहचान करनी चाहिए और उन्हें सकारात्मकता में बदलना चाहिए। उदाहरण के लिए, यदि कोई सोचता है "मैं असफल हो जाऊँगा," तो उसे इसे बदलकर "मैं अपनी पूरी कोशिश करूँगा और सीखूँगा" में परिवर्तित करना चाहिए।

ॐ **आत्मविश्वास: अपनी क्षमताओं पर विश्वास रखें और अपनी कमज़ोरियों को स्वीकार करें**

आत्मविश्वास बढ़ाने के लिए, व्यक्ति को अपनी क्षमताओं पर विश्वास करना चाहिए और अपनी कमज़ोरियों को स्वीकार करना चाहिए। उदाहरण के लिए, एक छात्र जो गणित में

कमजोर है, उसे यह समझना चाहिए कि वह अन्य विषयों में अच्छा कर सकता है और गणित पर अतिरिक्त ध्यान देकर सुधार कर सकता है।

- ॐ **लक्ष्य निर्धारण: छोटे-छोटे लक्ष्य निर्धारित करें और उन्हें हासिल करने की योजना बनाएँ।**

बड़े लक्ष्यों को छोटे हिस्सों में बाँटने से उन्हें हासिल करना आसान हो जाता है। उदाहरण के लिए, यदि कोई व्यक्ति फिटनेस लक्ष्य रखता है, तो वह पहले सप्ताह में केवल तीन दिन व्यायाम करने का लक्ष्य बना सकता है। जैसे-जैसे वह इन छोटे लक्ष्यों को पूरा करता जाएगा, उसका आत्मविश्वास बढ़ेगा।

- ॐ **समर्थन: अपने परिवार और दोस्तों से बात करें और ज़रूरत पड़ने पर किसी मनोवैज्ञानिक की मदद लें।**

समर्थन प्रणाली का होना बेहद महत्वपूर्ण है। जब हम अपने डर या चिंताओं के बारे में अपने करीबी लोगों से बात करते हैं, तो हमें राहत मिलती है। उदाहरण के लिए, यदि कोई व्यक्ति नौकरी की तलाश कर रहा है और उसे असफलता का डर है, तो वह अपने दोस्तों से बात करके सलाह ले सकता है या उनके अनुभव सुनकर प्रेरित हो सकता है।

- ॐ **आत्म-देखभाल: अपने शारीरिक और मानसिक स्वास्थ्य का ध्यान रखें। योग, ध्यान, व्यायाम आदि करें।**

अपने मानसिक स्वास्थ्य का ध्यान रखना भी महत्वपूर्ण है। नियमित व्यायाम, योग या ध्यान करने से तनाव कम होता है और मन शांत रहता है। उदाहरण के लिए, एक व्यक्ति जो तनाव महसूस कर रहा है, वह प्रतिदिन 20 मिनट ध्यान कर सकता है जिससे उसकी चिंताओं में कमी आएगी।

इन तरीकों का पालन करके हम अपने डर का सामना कर सकते हैं और आत्म संघर्ष को कम कर सकते हैं। हर व्यक्ति का सफर अलग होता है, लेकिन यह महत्वपूर्ण है कि हम अपने डर को पहचानें और उनसे निपटने के लिए कदम उठाएँ। इस डर से निपटने के लिए, हमें अपने विचारों में सुधार करना होगा। हमें यह समझना होगा कि:

- ॐ **असफलता जीवन का एक हिस्सा है:** हर कोई कभी न कभी असफल होता है। असफलता का मतलब यह नहीं है कि आप नाकाबिल हैं या आपमें कोई कमी है। असफलता से हमें सीख मिलती है, और हम और मज़बूत बनते हैं।

- ॐ **नियंत्रण आपके हाथ में है:** आप भविष्य को नियंत्रित नहीं कर सकते, लेकिन आप अपने वर्तमान को नियंत्रित कर सकते हैं। अपनी मेहनत पर ध्यान दें, अपनी क्षमताओं को निखारें, और सकारात्मक रहें।
- ॐ **खुशी आपके अंदर है:** खुशी किसी बाहरी चीज़ या उपलब्धि पर निर्भर नहीं करती। खुशी आपके अंदर है, आपके नज़रिए में है। सकारात्मक सोच रखें, छोटी-छोटी चीज़ों में खुशी ढूँढ़ें, और जीवन का आनंद लें।

7. ओवरथिंकिंग और अर्धचेतन मन के वहमी विचारों से निपटने का आत्म संघर्ष

हमारा मन एक अथाह सागर है, जिसमें विचारों की लहरें निरंतर उठती और गिरती रहती हैं। जब ये लहरें उफान मारने लगती हैं, तो हम ओवरथिंकिंग के चक्रव्यूह में फंस जाते हैं। ओवरथिंकिंग यानि अत्यधिक सोचना, एक ऐसी मानसिक स्थिति है जिसमें हम किसी बात, समस्या या स्थिति के बारे में जरूरत से ज्यादा सोचते रहते हैं। यह एक ऐसा जाल है जो हमें नकारात्मकता के कुएं में धकेल देता है, जहाँ से बाहर निकलना मुश्किल हो जाता है।

ओवरथिंकिंग के लक्षण:

- बार-बार एक ही विचार का मन में आना
- नकारात्मक विचारों का प्रभुत्व
- नींद न आना
- चिड़चिड़ापन और बेचैनी
- एकाग्रता में कमी
- थकान और ऊर्जा की कमी

ओवरथिंकिंग के कारण:

- **अतीत के अनुभव:** बचपन के दर्दनाक अनुभव, असफलताएं, या रिश्तों में हुई कड़वाहट।
- **भविष्य की अनिश्चितता:** नौकरी, परीक्षा, या रिश्तों को लेकर चिंता।
- **आत्म-संदेह:** अपनी क्षमताओं पर भरोसा न होना।
- **परफेक्शनिज़्म:** हर चीज में पूर्णता की चाहत।

ओवरथिंकिंग के प्रकार:

ओवरथिंकिंग मुख्यतः तीन प्रकार की होती है:

1. **भूतकाल पर पछतावा:** "काश मैंने ऐसा किया होता...", "काश मैंने ऐसा नहीं कहा होता..." ये वाक्य भूतकाल में हुई गलतियों या चूक पर अत्यधिक सोचने का संकेत देते हैं। यह पछतावा हमें वर्तमान में जीने से रोकता है और भविष्य के प्रति नकारात्मक दृष्टिकोण पैदा करता है।
2. **भविष्य की चिंता:** "क्या होगा अगर मैं असफल हो गया?", "क्या होगा अगर मुझे नौकरी नहीं मिली?" भविष्य को लेकर अनिश्चितता और डर हमें चिंता के दलदल में धकेल देता है। यह चिंता हमें वर्तमान में खुश रहने से रोकती है और हमारी उत्पादकता को भी प्रभावित करती है।
3. **वर्तमान की अनिश्चितता:** "क्या मैं सही कर रहा/ रही हूँ?", " लोग मेरे बारे में क्या सोचेंगे?" वर्तमान स्थिति को लेकर अनिश्चितता और दूसरों की राय की चिंता भी ओवरथिंकिंग का एक रूप है। यह हमें आत्म-संदेह की ओर ले जाता है और हमारे आत्मविश्वास को कमजोर करता है।

ओवरथिंकिंग के नकारात्मक प्रभाव:

ओवरथिंकिंग के कई नकारात्मक प्रभाव हो सकते हैं, जैसे:

- **चिंता और तनाव:** लगातार नकारात्मक विचारों के कारण चिंता और तनाव बढ़ जाता है।
- **अनिद्रा:** रात में नींद न आने की समस्या हो सकती है।
- **निर्णय लेने में कठिनाई:** ओवरथिंकिंग के कारण हम किसी भी निर्णय पर नहीं पहुँच पाते।
- **रिश्तों में समस्याएँ:** अत्यधिक सोचने के कारण हम अपने रिश्तों को भी नुकसान पहुँचा सकते हैं।
- **शारीरिक स्वास्थ्य पर प्रभाव:** ओवरथिंकिंग से सिरदर्द, पेट दर्द, और रक्तचाप जैसी समस्याएँ भी हो सकती हैं।

अर्धचेतन मन क्या है? इसकी कार्यप्रणाली और चेतन मन से संबंध

ज़रा सोचिए, आपके दिमाग में एक बड़ा सा गोदाम है। इसमें आपके सारे अनुभव, यादें, और भावनाएं समाए हुए हैं। कुछ चीज़ें तो आपको साफ़-साफ़ याद रहती हैं, जैसे कल आपने क्या खाया था। यह आपका **चेतन मन** है, जो आपके जागृत अवस्था में काम करता है। लेकिन इस गोदाम में एक तहखाना भी है, जहाँ ऐसी चीज़ें रखी हैं जिनके बारे में आपको सीधे तौर पर पता नहीं होता। यह है आपका **अर्धचेतन मन**। यहाँ बचपन की यादें, दबी हुई भावनाएँ, और वो सारी बातें छिपी हैं जिनसे आपका चेतन मन शायद अनजान है। अर्धचेतन मन, आपके चेतन मन से जुड़ा रहता है। जैसे, कभी-कभी कोई गीत सुनकर आपको अचानक बचपन की कोई याद आ जाती है। यह आपके अर्धचेतन मन का कमाल है। यह आपके व्यवहार, सोच और आदतों को भी प्रभावित करता है।

अर्धचेतन मन को हम ऐसे भी समझ सकते हैं कि जैसे मान लो आप कहीं किसी के साथ बैठे हैं और आपका मन उनके साथ उनसे बात करते हुए भी कुछ और ही सोच रहा है या किसी और घटना, व्यक्ति या स्थान पर गया हुआ है। वही मन जो आपके किसी के साथ रहते हुए भी या वर्तमान में कुछ कार्य करते हुए भी, कहीं कुछ और जगह या व्यक्ति या स्थान या अन्य प्रक्रिया के बारे में व्यस्त है, आपका अर्धचेतन मन है। दिन के लगभग 60 से 70 प्रतिशत तक का हमारा ध्यान अर्धचेतन मन द्वारा उपयोग किया जाता है इसलिए अर्धचेतन मन को चेतन मन से भी ज्यादा ताकतवर माना जाता है। इसी वजह से नौजवान पढ़ाई के दौरान या किसी अन्य कार्य के दौरान भी अपने दोस्तों, लड़के या लड़कियों के बारे में सोचते रहते हैं, महिलाओं का खाना बनाने के वक्त भी किसी और बात में ध्यान लगा रहता है, यह हमारा अर्ध चेतन मन ही तो है जो किसी फंक्शन या त्यौहार पर जब हमारे द्वारा पहने नए वस्त्र को वर्तमान में सामान्य न रखकर, अन्य लोगों की हमारे वस्त्रों के बारे में राय को लेकर व्यस्त रहता है और हमारे अंदर कुछ अजीब सी उच्च स्तरीय भावना उत्पन्न कर देता है जिससे हम अत्यधिक सक्रिय व्यवहार को प्रस्तुत करते हैं जबकि वास्तव में ऐसा करने से कोई फर्क नहीं होना चाहिए क्योंकि सभी उस फंक्शन या त्यौहार के बाद फिर सामान्य ही रहने वाले हैं।, पुरुष भी काम कोई और कर रहे होते हैं लेकिन दिमाग में कोई और बात चल रही होती है। अर्थात कहने का मतलब यहां है कि हमारा अर्धचेतन मन ही होता है जिसमें वर्तमान में इंसान के व्यस्त रहते हुए भी बार-बार कोई अन्य विचार रिपीट होता रहता है और उसे ही हम ओवरथिंकिंग कहते हैं। ये विचार किसी भी घटना या दुर्घटना या

व्यक्ति से सम्बंधित होने के कारण अपने आप नकारात्मक विचारों की श्रृंखला बनाते जाते हैं जो एक दिमागी बीमारी का रूप ले लेते हैं। जैसा कि हम जानते हैं जैसा हमारा विचार होगा, वैसी ही फीलिंग्स आएंगी और फिर उस फीलिंग के अनुसार ही हमारे अंदर उस वक्त व्यवहार करने की क्षमता विकसित होती है और हम व्यवहार करते हैं। अतः जब ओवरथिंकिंग में बहुत ज्यादा नकारात्मक विचारों की श्रृंखला बन जाती है तो उससे नकारात्मक फीलिंग्स का भंडार हमारे अंदर पैदा हो जाता है जिससे उस वक्त किए जा सकने वाले व्यवहार की ऊर्जा भी नकारात्मक होकर व्यवहार को प्रभावित कर देती है और हमारा व्यवहार उदासीन या निराश सा हो जाता है। इसलिए यह समझना जरूरी है कि ओवरथिंकिंग में सचेत मन बड़ा हाथ नहीं होता बल्कि ये तो अर्धचेतन मन है जो इसको पैदा होने और बढ़ने में मदद करता है। अतः हमारे अर्धचेतन मन को सही दिशा देना भी एक बहुत जरूरी उपाय है ओवरथिंकिंग से निपटने का।

ध्यान रहे अर्धचेतन मन हमारा बुरा मन या हमारा दुश्मन नहीं है बल्कि ये प्राकृतिक रूप से हमारे सचेत मन से जुड़ा मन है। जब तक अर्धचेतन मन सकारात्मक और हमारे लिए सहायक विचारों से हमें जोड़कर नए विचारों की श्रृंखला बनाता रहता है तब तक हम एक मेंटली हेल्दी और खुशदिल इंसान हैं। लेकिन ये भी सत्य है कि हमने जब इंसान के रूप में जन्म लिया तभी से हमारे साथ हमसे जुड़े सुख-दुःख ने भी जन्म लिया होता है और ये हमारे जीवन के दिन रात की तरह हमसे जुड़े हुए हैं। इसलिए दुःख या दुर्घटना या वैचारिक मतभेदों से उत्पन्न परिस्थितियों में जब हमारा अर्धचेतन मन नकारात्मक और रिपीटेड असहायक (तकलीफ़देह) विचारों की श्रृंखला से सचेत मन को जोड़ देता है तब ओवरथिंकिंग की खतरनाक स्थिति बनती है जिसे पहचानकर अर्धचेतन मन को सही दिशा देने मात्र से ही ओवरथिंकिंग नियंत्रित हो जाती है।

अर्धचेतन मन में छिपे भय, असुरक्षा, और नकारात्मक विश्वास

कभी-कभी आप बिना किसी वजह के घबराहट या बेचैनी महसूस करते हैं? या फिर आपको लगता है कि आप किसी काम को नहीं कर पाएंगे? यह आपके अर्धचेतन मन में छिपे भय, असुरक्षा, और नकारात्मक विश्वासों का नतीजा होता है।

वहमी विचारों का अर्धचेतन मन से संबंध

वहमी विचार, बार-बार आने वाले ऐसे विचार होते हैं जिन पर आपका कोई नियंत्रण नहीं होता। जैसे, किसी व्यक्ति से संबंध में दरार होने पर बार-बार उसी का ख्याल आना और उससे जुड़े विचारों के चक्रव्यूह में फंसकर तिलमिलाना, डिप्रेशन में चले जाना, किसी घटना के कारणों पर विचारों का बार-बार आना, किसी व्यक्ति के दुर्व्यवहार से जुड़ी बातें बार-बार दिमाग में रिपीट होना, किसी प्रियजन के बिछड़ जाने पर बार-बार सिर्फ़ उस बीते वक़्त के विचार ही बार-बार आना और वर्तमान में ना जी पाना, जीवन के वर्तमान या वास्तविक सच को मानने की बजाय बस किसी विचार पर रुक कर सिर्फ़ उसी विचार को ही सत्य मानने की ज़िद करना, कोई मनचाही नौकरी के मिलने या ना मिल पाने के विचार ही मन में रिपीट होते रहना, किसी के प्रति गुस्से या ईर्ष्या के विचार बार-बार आना, बार-बार हाथ धोना, आदि।

यह वहमी विचार आपके अर्धचेतन मन से जुड़े होते हैं। वहमी विचारों को समझने के लिए, आप अपने मन को एक गहरे कुएं की तरह मान सकते हैं। इस कुएं की सतह पर आपके चेतन विचार तैरते रहते हैं - जिनके बारे में आप जानते हैं और जिन्हें आप नियंत्रित कर सकते हैं। लेकिन कुएं की गहराई में, अर्धचेतन मन में, कई तरह के भय, असुरक्षाएं, और दमित भावनाएं छिपी होती हैं। यह वहमी विचार अक्सर इन्हीं छिपी हुई भावनाओं का एक प्रकार से प्रकट होना होता है। जैसे:

- **बार-बार हाथ धोना:** यह शायद अर्धचेतन मन में छिपे किसी प्रकार के संक्रमण या गंदगी के डर से जुड़ा हो सकता है।
- **किसी व्यक्ति से दरार होने पर बार-बार उसका ख्याल आना:** यह अर्धचेतन में छिपे अस्वीकृति, त्याग या अकेलेपन के डर को दर्शाता है।
- **किसी प्रियजन के बिछड़ने पर अतीत में खोए रहना:** यह अर्धचेतन में मौजूद दुःख, ग्लानि या अधूरेपन की भावना से जुड़ा हो सकता है।
- **गैर ज़रूरी दोहराव :** युवा अवस्था में बार-बार खुद को शीशे में देखना कि कहीं मैं बुरा तो नहीं दिख रहा/रही, बार-बार खुद की स्थिति को दूसरों की स्थिति से compare करना आदि

/यह समझना ज़रूरी है कि वहमी विचार आपकी कमज़ोरी नहीं हैं, बल्कि यह आपके अर्धचेतन मन का आपसे बात करने का एक तरीका है। इन विचारों को नज़रअंदाज़ करने या दबाने की कोशिश करने से वे और भी ज़्यादा ताकतवर हो सकते हैं। इसलिए, इनसे निपटने

का सही तरीका है कि आप अपने अर्धचेतन मन को समझें, उसमें छिपे भय और असुरक्षाओं को पहचानें, और उनका सामना करें।

वहमी विचारों की पहचान

हमारे मन में कुछ विचार ऐसे होते हैं जो बार-बार आते हैं, हमें बेचैन करते हैं, और जिन पर हमारा कोई नियंत्रण नहीं होता। ये हैं **वहमी विचार**।

वहमी विचारों के लक्षण

वहमी विचारों को पहचानना ज़रूरी है ताकि हम उनसे निपट सकें। इनके कुछ खास लक्षण होते हैं:

- **अवास्तविक:** ये विचार अक्सर ऐसे होते हैं जिनका वास्तविकता से कोई लेना-देना नहीं होता। जैसे, "अगर मैंने दरवाज़ा तीन बार नहीं चेक किया तो मेरे साथ कुछ बुरा हो जाएगा।"
- **नकारात्मक:** ये विचार अक्सर नकारात्मक और डरावने होते हैं। जैसे, "मुझे कोई गंभीर बीमारी है, वे मेरे बारे में बुरा सोचेंगे, मुझे अकेला छोड़ दिया जाएगा, मैं फिर कैसे जीऊंगा/जीऊंगी, मेरा सब कुछ नष्ट हो जाएगा, मैं अब इस गलती के बाद कभी अच्छा/अच्छी इंसान नहीं बन पाऊंगा/पाऊंगी, मुझे धिक्कार है मुझे मर जाना चाहिए शायद इससे सामने वालों को मेरी क़ीमत का पता चलेगा या सज़ा पाने से शायद मुझे माफ़ी मिले, मैं अब कभी स्वस्थ नहीं हो पाऊंगा/पाऊंगी, मैं कभी बुरी आर्थिक स्थिति से उभर नहीं पाऊंगा/पाऊंगी, किसी ज्ञानी पंडित के शब्द गलत नहीं होते उन्होंने कहा था इसलिए मेरे साथ कभी अच्छा नहीं हो सकता आदि
- **दोहराव वाले:** ये विचार बार-बार आते हैं, भले ही आप उन्हें रोकने की कोशिश करें।
- **नियंत्रण से बाहर:** आपको लगता है कि आप इन विचारों को रोक नहीं सकते।

अपने वहमी विचारों को पहचानने के लिए स्व-मूल्यांकन तकनीकें

अगर आपको लगता है कि आपके मन में वहमी विचार आ रहे हैं, तो आप कुछ तकनीकों का इस्तेमाल करके उनकी पहचान कर सकते हैं:

- **विचार जर्नल:** एक डायरी में अपने विचारों को लिखिए। इससे आपको यह समझने में मदद मिलेगी कि आपके मन में किस तरह के विचार आ रहे हैं और वे कितनी बार आ रहे हैं।
- **ध्यान:** ध्यान करने से आप अपने विचारों के प्रति जागरूक हो सकते हैं। यह आपको यह समझने में मदद करेगा कि आपके वहमी विचार कब और क्यों आ रहे हैं।

ओवरथिंकिंग और वहमी विचारों से निपटने के लिए रणनीतियाँ)

हमारी ज़िंदगी में अक्सर ऐसे मोड़ आते हैं जब हम ज़रूरत से ज़्यादा सोचने लगते हैं। मन में नकारात्मक विचार आते-जाते रहते हैं, और हम एक ही बात को बार-बार सोचकर परेशान होते रहते हैं। इसे ओवरथिंकिंग कहते हैं। कभी-कभी ये वहमी विचार विचार इतने ज़िद्दी हो जाते हैं कि हम उनसे पीछा नहीं छुड़ा पाते। वहमी विचारों से छुटकारा पाने के सामान्य ज्ञान की कुछ बातें निम्न हो सकती हैं:

चेतना और स्वीकृति:

- **अपने विचारों के प्रति जागरूकता:** सबसे पहले, यह पहचानना ज़रूरी है कि आप कब ओवरथिंकिंग कर रहे हैं या कब वहमी विचार आपके मन में आ रहे हैं।
  - **उदाहरण:**
    - मान लीजिए, आपका किसी से रिश्ता टूट गया है। ऐसे में बार-बार यह सोचना कि "काश मैंने ऐसा किया होता," "काश मैंने वैसा कहा होता," ओवरथिंकिंग है।
    - यह समझना ज़रूरी है कि जब हम किसी अपने को खो देते हैं, तो दुःख और विषाद का अनुभव होना स्वाभाविक है। ऐसे समय में, "काश मैंने ऐसा किया होता" जैसे विचार मन में आना भी सामान्य है। लेकिन अगर आप बार-बार ऐसा कुछ सोच रहे हैं जो आपके मन की शांति को खत्म कर रहा है तब यह भी नकारात्मक विचारों का repetition है।
    - आपको आर्थिक नुकसान हुआ है, और आप बार-बार उस घटना के बारे में सोचकर खुद को दोषी ठहरा रहे हैं। यह भी ओवरथिंकिंग का एक रूप है।

ϒ किसी ने आपका अपमान किया है, और आप बार-बार उस घटना को याद करके गुस्सा और शर्मिंदगी महसूस कर रहे हैं।

ϒ आपके हाथ गंदे हो गए हैं, और आपको बार-बार यह लग रहा है कि आपके हाथ गंदे हैं, चाहे आपने उन्हें कितनी ही बार धो लिया हो। यह एक वहमी विचार का उदाहरण है।

- **वहमी विचारों को स्वीकार करना, उनसे लड़ने की कोशिश ना करना:** वहमी विचारों से लड़ने की कोशिश करने से वे और ज़्यादा मजबूत हो सकते हैं, जैसे- मैंने ही गलत बोल दिया कि वो नाराज़ हो गए, मैंने तो कोशिश की थी पर शायद मेरी कोशिश में ही कोई कमी रह गई,, जैसे बिलकुल मेरी ही गलती होगी और किसी की कैसे हो सकती है, मेरे ही कर्मों के फल के कारण वो मुझसे दूर हो गया या हो गई, मेरे मन में विचार आया है तो हाथ गंदा ही होगा मुझे फिर से धो लेना चाहिए। बेहतर है कि आप उन्हें (वहमी विचारों को) स्वीकार करें और उनके प्रति जागरूक रहें।

⌘ **विचारों को चुनौती देना:**

- **सकारात्मक विचारों को प्रोत्साहित करना:** नकारात्मक विचारों को सकारात्मक विचारों से बदलने की कोशिश करें। जैसे-

नकारात्मक विचार	सकारात्मक विचार
रिश्ता टूटने पर: "काश मैंने ऐसा किया होता," "काश मैंने वैसा कहा होता"	"इस रिश्ते से मैंने बहुत कुछ सीखा। अब मैं आगे बढ़कर अपनी ज़िंदगी में खुश रहने पर ध्यान केंद्रित करूँगा/करूँगी।"
किसी अपने को खोने पर: "काश मैं उस दिन उसे मिलने गया होता," "काश मैंने उससे ज़्यादा बात की होती"	"मैंने अपने प्रियजन के साथ बहुत खूबसूरत पल बिताए। उनकी यादें हमेशा मेरे साथ रहेंगी।"
आर्थिक नुकसान पर: बार-बार उस घटना के बारे में सोचना और खुद को दोषी ठहराना	"यह एक मुश्किल समय है, लेकिन मैं इससे सबक लेकर आगे बढ़ूँगा/बढ़ूँगी। मैं अपनी आर्थिक स्थिति को फिर से मजबूत कर सकता/सकती हूँ।"
अपमानित होने पर: बार-बार उस घटना को याद करके गुस्सा और शर्मिंदगी महसूस करना	"मैं अपनी गलतियों से सीखता/सीखती हूँ और आगे बढ़ता/बढ़ती हूँ। दूसरों की राय मुझे परिभाषित नहीं करती।"
हाथ गंदे होने पर: बार-बार यह लगना कि हाथ गंदे हैं, चाहे उन्हें कितनी ही बार धो लिया हो	"मैंने अपने हाथ अच्छी तरह से धो लिए हैं। वे अब साफ़ हैं।"

यह याद रखना ज़रूरी है कि नकारात्मक विचारों को सकारात्मक विचारों में बदलने में समय और अभ्यास लगता है। धैर्य रखें और खुद पर विश्वास रखें।

ॐ **मन को शांत करना:**

- ॐ **ध्यान, योग, प्राणायाम जैसी तकनीकों का अभ्यास:** ये तकनीकें आपके मन को शांत करने और एकाग्रता बढ़ाने में मदद करती हैं।
- ॐ **तनाव प्रबंधन तकनीकें:** गहरी साँस लेना, प्रगतिशील मांसपेशी शिथिलीकरण जैसी तकनीकें तनाव को कम करने में मददगार होती हैं।

ॐ **जीवनशैली में बदलाव:**

- **स्वस्थ आहार, नियमित व्यायाम, पर्याप्त नींद:** यह सुनिश्चित करें कि आप स्वस्थ जीवनशैली अपना रहे हैं।
- **तनावपूर्ण स्थितियों से बचना या उन्हें प्रभावी ढंग से प्रबंधित करना:** तनाव को कम करने के लिए अपनी जीवनशैली में बदलाव करें।

ॐ **व्यवहार चिकित्सा:**

- **संज्ञानात्मक व्यवहार चिकित्सा (CBT) का परिचय और इसकी प्रभावशीलता:** CBT एक प्रकार की थेरेपी है जो आपके विचारों, भावनाओं और व्यवहार के बीच के संबंध को समझने में मदद करती है। यह ओवरथिंकिंग और वहमी विचारों से निपटने में काफी प्रभावी साबित हुई है।
- **ओवरथिंकिंग और वहमी विचारों से जुड़े व्यवहार पैटर्न को बदलना:** CBT आपको उन व्यवहारों को बदलने में मदद करता है जो ओवरथिंकिंग और वहमी विचारों को बढ़ावा देते हैं।

आत्म-सहायता और समर्थन

ओवरथिंकिंग या वहमी विचारों को आत्म जागरूकता से भी नियंत्रित किया जा सकता है। जैसे अब आपको स्वयं या किसी विश्वसनीय से यकीन हो जाए या बार-बार आपको आपका सचेत मन ये संकेत दे कि आप ओवरथिंकिंग कर रहे हैं तो आपको सबसे पहले अपने अर्धचेतन मन में चल रहे विचारों को ईमानदारी से देखना चाहिए कि आपके अर्धचेतन मन में किस व्यक्ति या दुर्घटना या घटना के बारे में बात चलती रह रही है जो असहायक और दुखदायी है। या जब भी आप लगातार ज़्यादा समय से दुखी महसूस करें तो समझ जाइए कि आपके अर्धचेतन मन में नकारात्मक विचारों का दोहराव शुरू हो चुका है जिसे रोके बिना आप शांत और अच्छा महसूस नहीं कर सकते है। फिर आपको उसी वक़्त रुककर एक सौ से लेकर एक तक उल्टी गिनती गानी चाहिए और फिर जैसे ही आपकी गिनती खत्म हो आपको उस इंसान के बारे में सोचना चाहिए या उससे बात करनी चाहिए जो आपको सचमुच प्यार करता है (ईमानदारी से ऐसे सही व्यक्ति का चुनाव बहुत-बहुत महत्वपूर्ण है, ये आपके माता-पिता, दोस्त, पुत्र, पुत्री आदि कोई भी हो सकते हैं)।

इस तरह आप अपने अर्धचेतन मन की स्थिति को बार-बार बदल, वहमी विचारों (ओवरथिंकिंग) से छुटकारा पा सकते हैं।

ध्यान रहे वहमी विचारों से जूझना आसान नहीं होता, लेकिन यह नामुमकिन भी नहीं है। सही तकनीकों और मदद से आप इन ओवरथिंकिंग या वहमी विचारों पर काबू पा सकते हैं और एक खुशहाल ज़िंदगी जी सकते हैं।

८. परिवार में नए सदस्य: बच्चों की शादी, बदलते रिश्ते, बढ़ती ज़िम्मेदारियाँ और आत्मसंघर्ष

बच्चों की शादी: एक नया अध्याय

बच्चों की शादी, यह जीवन का एक ऐसा पड़ाव है जो माता-पिता और बच्चों दोनों के लिए ही एक नए अध्याय की शुरुआत करता है। यह बच्चों के लिए अपना घर बसाने, नई ज़िम्मेदारियाँ निभाने और रिश्तों में बदलाव का दौर होता है। यह दो परिवारों का मिलन होता है, जहाँ नए रिश्ते बनते हैं, नई अपेक्षाएँ जन्म लेती हैं और ज़िंदगी एक नया मोड़ लेती है। खासकर लड़के की माँ के मन में अपेक्षाओं का अंबार लग जाता है। ममता की भावुकता में वह सोचती है कि उसके बेटे का खयाल तो राजकुमार की तरह रखा ही जाएगा, बल्कि उससे भी बेहतर तरीके से रखा जाएगा। उसे लगता है कि जैसे वह आज तक अपने बेटे का ध्यान रखती आई है, वैसे ही आगे भी रखा जाए, लेकिन हर काम उससे पूछकर किया जाए, अगर ऐसा होता है तो सब ठीक चलता है और इससे कोई आत्मसंघर्ष की स्थिति पैदा नहीं होती है। अगर ऐसा नहीं होता है, तो उसे लगता है कि कोई एक दिन में आकर उसके बेटे पर इतना अधिकार कैसे जमा सकता है, जिसके सहारे वह अब तक अपनी ज़िंदगी की सुबह से शाम को सुंदर बनाती आई है? और इसी कश्मकश में, ना जाने कब, माँ, अपने बेटे की दुल्हन को अपना एक प्रतिद्वंद्वी, दुश्मन मानने लग जाती है। फिर जब तक यह वैचारिक मतभेद समझ आता है, तब तक घर में कलह अपना डेरा जमा चुकी होती है और यहीं से शुरू होती है पारिवारिक अशांति और आत्मसंघर्ष ।

यह समय बच्चों के लिए भी आसान नहीं होता। उन्हें अपने नए जीवन और नई ज़िम्मेदारियों के साथ तालमेल बिठाने के लिए कई तरह के आत्मसंघर्षों से जूझना पड़ता है। उन्हें अपने माता-पिता की अपेक्षाओं और अपने साथी की ज़रूरतों के बीच संतुलन बनाना होता है। यह एक ऐसा समय होता है जब उन्हें अपनी पहचान बनाने, अपने फ़ैसले लेने और

अपनी ज़िंदगी को अपने हिसाब से जीने का मौका मिलता है।यह आत्मसंघर्ष कई रूपों में सामने आ सकता है। उदाहरण के लिए, बच्चों को अपने माता-पिता की इच्छाओं के खिलाफ जाकर अपने साथी का साथ देना पड़ सकता है। उन्हें अपने कैरियर और पारिवारिक जीवन के बीच संतुलन बनाने में दिक्कत हो सकती है। उन्हें अपने ससुराल वालों के साथ तालमेल बिठाने में भी समस्या आ सकती है। यह आत्मसंघर्ष कई बार बहुत तनावपूर्ण हो सकता है, लेकिन समझदारी सकारात्मकता से इससे निपटा भी जा सकता है इस अध्याय में, हम बच्चों की शादी के बाद आने वाले आत्मसंघर्षों के बारे में विस्तार से चर्चा करेंगे। हम यह भी जानेंगे कि इन आत्मसंघर्षों से कैसे निपटा जा सकता है ।

नए सदस्य का आत्मसंघर्ष

ज़रा सोचिए, एक लड़की जो अपने जन्म से जहाँ पली बढ़ी, जन्म से ही उसे परिवार, दुनिया , रिश्तों और समाज के बारे में समझाने वाले माता पिता भाई बहन को छोड़कर एक नए घर में प्रवेश करती है, उसके लिए मन में ये एक द्वंद्व भरा कदम होता है जहाँ वो नए जीवन की खुशियाँ भी पाना चाहती है और अपने परिवार के बिछड़ने के दुख को भी दिल में लिए चुपचाप अंदर ही अंदर घुटती सी रहती है, यह एक आसान काम नहीं। नए परिवार में जहाँ उसे नए लोग, नई रिश्ते, नए नियम और एक बिलकुल नई ज़िंदगी अपनानी होती है। यह लड़की मानो किसी ऐसी दुनिया में भेज दी गई हो जहाँ शायद उसे फोन आदि पर बात करके या कभी मिलकर कुछ लोगों का सिर्फ बाहरी व्यक्तित्व ही पता होता है लेकिन उनके आंतरिक व्यवहार से शायद वह अनजान होती है, जहाँ उसे हर कदम फूंक-फूंक कर रखना है। पहले तो उसे अपनी पहचान ही खोई-खोई सी लगती है। अगर लड़की का परिवार समझदार और गुणी विचारों वाला होता है तो लड़की भी समझदारी से नए परिवार में एडजस्ट हो जाती है लेकिन कई बार नया परिवार या लड़की का परिवार अज्ञानता से भरा होता है और एडजस्टमेंट की बजाय छोटी-छोटी बातों में एक दूसरे को नीचा दिखाने वाला होता है या लड़का गुणी नहीं होता है, तब सिर्फ़ उस लड़की के ही जीवन में आत्मसंघर्ष की शुरुआत नहीं होती बल्कि लड़के लड़की के साथ-साथ दोनों के परिवार भी आत्मसंघर्ष की स्थिति में आ जाते हैं और जब वह लड़की अपने नए परिवार से अपनी माँ, बहन या सहेलियों की बातें करती है या अपनी कोई राय रखती है या अपनी तरफ से कोई व्यवहार करती है, तो कई बार उसे लगता है कि उसकी नई माँ (सास), नई

बहन (ननद) या देवरानी-जेठानी उसकी बातों को समझ रही हैं, उससे सहानुभूति रख रही हैं। लेकिन कई बार उसे यह भी महसूस होता है कि उसे गलत समझा जा रहा है, उसे जज किया जा रहा है। नए माहौल में, नए लोगों के बीच वह खुद को असुरक्षित महसूस करती है। उसे लगता है कि कहीं वह कुछ गलत न कह दे, कहीं उसकी कोई बात किसी को बुरी न लग जाए। इसी उधेड़बुन में, सवाल-जवाब के इस खेल में, वह अपनी असली पहचान को कहीं खोती चली जाती है। इस नए घर में उसे सास-ससुर, ननद-देवर, जेठ-जेठानी जैसे कई नए रिश्ते मिलते हैं। हर रिश्ते की अपनी एक अलग भाषा होती है, अपना एक अलग तरीका होता है। इन रिश्तों को समझना, निभाना उसके लिए किसी पहेली से कम नहीं होता। उसे समझ नहीं आता कि किसका कैसा मूल स्वभाव है , किससे कैसे बात करनी है, किससे कितनी दूरी बनाए रखनी है, किसके साथ कैसे पेश आना है। उसे डर लगता है कि कहीं वह अनजाने में कोई गलती न कर बैठे, जिससे किसी का दिल दुख जाए या कोई नाराज़ हो जाए। एक नई दुल्हन अक्सर सही और गलत के बीच उलझन में रहती है। वह अपने मायके वालों से अपने नए परिवार की बातें शेयर करती है, तो कई बार उसे समर्थन मिलता है, तो कई बार उसे गलत ठहराया जाता है। यह सब उसे और भी भ्रमित करता है और उसका आत्मसंघर्ष और भी गहरा होता जाता है। इस सबके साथ ही, उसे घर संभालने, खाना बनाने, परिवार की देखभाल करने जैसी ढेर सारी ज़िम्मेदारियाँ भी निभानी होती हैं। ये ज़िम्मेदारियाँ उसके लिए किसी पहाड़ से कम नहीं होतीं। अगर नए परिवार में उसे सपोर्ट मिलती है तो उसका आत्मविश्वास ऊँचा रहता है और वह हर जिम्मेदारी और कर्तव्य को निभाते हुए अनुभव प्राप्त करती है और नए परिवार में खुद को एक जिम्मेदार सदस्य के रूप में स्थापित होना उसके लिए एक अच्छा सफर रहता है , लेकिन अगर नया परिवार सपोर्टिव नहीं है तो उसे लगता है कि वह इन सबके बोझ तले दबती जा रही है। उसे समझ नहीं आता कि वह इन सब कामों को कैसे मैनेज करे, कैसे सबको खुश रखे। उसे लगता है कि वह हर काम में पीछे रह जा रही है, हर काम में कोई न कोई कमी रह जा रही है। उसे लगता है कि वह इस नए घर में बिलकुल अकेली है। उसे कोई समझने वाला नहीं है, कोई उसके दिल की बात सुनने वाला नहीं है। वह अपने अंदर ही अंदर घुटती चली जाती है। उसे लगता है कि वह इस नए परिवार में कभी भी पूरी तरह से घुल-मिल नहीं पाएगी, कभी भी अपनी जगह नहीं बना पाएगी।

इन सबके बीच, वह अपने माँ-बाप, भाई-बहन और दोस्तों को बहुत याद करती है। उसे उनकी बातें, उनका प्यार, उनका साथ सब कुछ याद आता है। यह लड़की, जो कल तक अपने

घर की राजकुमारी थी, आज एक नए घर में एक नई ज़िंदगी जीने के लिए मजबूर है। यह उसके लिए एक बहुत बड़ा संघर्ष है, एक ऐसी जंग है जो वह खुद से लड़ रही है। इस जंग में उसे अपनी पहचान, अपनी खुशियाँ, अपनी आज़ादी सब कुछ दांव पर लगाना पड़ रहा है। लेकिन किसी भी परिस्थिति में जो लड़की हिम्मत नहीं हारती, वह इस जंग को जीतने के लिए, खुद को साबित करने के लिए, अपनी एक नई पहचान बनाने के लिए, हर मुश्किल का डटकर सामना करती है और एक मिसाल के रूप में कामयाब होती है।

इसी प्रकार सोचिए, एक लड़का जो कल तक अपनी माँ का लाडला था, पहले जहाँ समय का कोई पाबंद नहीं था, अब उसे घर ,ऑफिस और पत्नी के बीच समय बाँटना पड़ रहा है। पहले दोस्तों के साथ घूमना-फिरना, पार्टी करना आम बात थी, अब उसे घर की ज़िम्मेदारियों का भी ध्यान रखना है। ये सारे बदलाव उसके व्यवहार में भी दिखने लगते हैं। वो पहले जितना बेफ़िक्र और मस्तमौला नहीं रहा। अब उस पर ज़िम्मेदारियों का बोझ है, उसे समझौते करने पड़ रहे हैं, जिससे उसका व्यवहार थोड़ा गंभीर , चिड़चिड़ा, दोस्तों को कम समय देने वाला भी हो सकता है। पहले वह सिर्फ़ 'बेटा' था, माँ-बाप की आँखों का तारा। अब वह 'पति' भी है, जिसकी एक साथी है, जिसकी भावनाओं का ध्यान रखना है, उसकी ज़रूरतों को समझना है। हो सकता है वह अब तक 'भाई' या 'दोस्त' की भूमिका में ही रहा हो, लेकिन अब उसे 'जिम्मेदार' बनना है। घर की ज़िम्मेदारी उठानी है। ये सारी भूमिकाएँ उसके लिए नई हैं, जिनमें ढलने में उसे समय लग सकता है।

अब उसकी ज़िन्दगी में कई नए लोग जुड़ गए हैं, और सबकी अपनी-अपनी अपेक्षाएँ हैं।

- **माँ की अपेक्षा:** उसकी माँ चाहती है कि वह अब भी उसी तरह उससे हर बात कहे, उसे हर काम के लिए याद करे, जैसे शादी से पहले करता था। माँ को लग सकता है कि अब बहू आ गई है तो बेटा उससे दूर हो गया है, इसलिए वह थोड़ा भावुक और संवेदनशील हो सकती है।
- **परिवार की अपेक्षा:** उसके परिवार वाले, चाहे वो माता-पिता हों या भाई-बहन, उम्मीद करते हैं कि वह शादी के बाद भी परिवार को पहले जैसा ही समय देगा, उनसे उतना ही प्यार और लगाव रखेगा। उन्हें लग सकता है कि शादी के बाद वह अपनी पत्नी में ही खो गया है, और परिवार को भूल गया है।

- **पत्नी की अपेक्षा:** उसकी पत्नी चाहती है कि वह उसे सबसे ज़्यादा प्यार करे, उसे सबसे ज़्यादा महत्व दे। वह चाहती है कि वह उसे सुरक्षित महसूस कराए, उसका ख्याल रखे, उसकी भावनाओं को समझे।
- **ससुराल वालों की अपेक्षा:** उसकी पत्नी के माता-पिता चाहते हैं कि वह उनकी बेटी को प्यार और सम्मान दे, उसे आज़ादी से जीने दे, उसकी खुशियों का ख्याल रखे।
- **समाज की अपेक्षा:** समाज भी उससे कुछ उम्मीदें रखता है। एक शादीशुदा आदमी से समाज एक 'परिपक्व' और 'जिम्मेदार' व्यवहार की उम्मीद करता है।

इन सभी अपेक्षाओं को पूरा करने का दबाव उस पर होता है, जिससे वह तनाव में आ सकता है, और खुद को खोया हुआ महसूस कर सकता है।

भावनात्मक उथल-पुथल

शादी एक नया रिश्ता है, जिसे समझने और अपनाने में समय लगता है। पति-पत्नी के बीच प्यार तो होता है, लेकिन साथ ही कई तरह की भावनाएँ भी होती हैं - गुस्सा, नाराज़गी, असुरक्षा, ईर्ष्या, उम्मीदें। इन सब भावनाओं को संभालना, एक-दूसरे को समझना, एक-दूसरे के साथ तालमेल बिठाना आसान नहीं होता। इस नए रिश्ते में कई उतार-चढ़ाव आते हैं, जिनसे भावनात्मक रूप से निपटना पड़ता है।

यह सब मिलाकर एक नए शादीशुदा लड़के के लिए एक बड़ा बदलाव होता है। यह एक ऐसा दौर होता है जहाँ उसे खुद को नई परिस्थितियों के अनुसार ढालना पड़ता है, नई ज़िम्मेदारियों को निभाना पड़ता है, और नए रिश्तों को समझना पड़ता है। यह एक आत्मसंघर्ष का दौर होता है, जहाँ उसे खुद से जंग लड़नी पड़ती है, और जीत की राह खुद बनानी पड़ती है।

परिवार में पहले से मौजूद बच्चों का आत्मसंघर्ष

एक नई दुल्हन का घर में आना किसी भी परिवार के लिए एक बड़ा बदलाव होता है। अगर परिवार के बच्चे समझदार हैं या माता पिता समझदार हैं तो जिंदगी का सफर सभी के लिए सुहाना रहता है । लेकिन अगर समझदारी की कमी है तो खुशियों और उत्साह के साथ-साथ, यह बदलाव घर के पहले से मौजूद बच्चों, खासकर अगर वे युवा हैं या किशोरावस्था में हैं, के लिए कई तरह की भावनाओं और चुनौतियों को भी जन्म दे सकता

है। यह ऐसा दौर होता है जब उन्हें खुद को नए सिरे से परिभाषित करना होता है, अपनी जगह बनानी होती है और नए रिश्तों को समझना होता है। कल्पना कीजिए, आपके घर में एक नया मेहमान आता है, जिसे सबका ध्यान मिल रहा है। आपके माता-पिता भी उसकी देखभाल में व्यस्त रहते हैं। ऐसे में आपको कैसा लगेगा? शायद आपको लगे कि आपके माता-पिता आपको पहले जितना ध्यान नहीं दे रहे हैं। यही अनुभव घर के पहले से मौजूद बच्चों को भी होता है जब उनके भाई की शादी हो जाती है। उन्हें लग सकता है कि माता-पिता का ध्यान अब नई बहू पर ज़्यादा है। यह एक स्वाभाविक प्रतिक्रिया है, लेकिन इससे बच्चों के मन में असुरक्षा और नाराज़गी पैदा हो सकती है। नई बहू के आने से बच्चों को अपनी जगह को लेकर भी असुरक्षा महसूस हो सकती है। उन्हें लग सकता है कि अब उनका घर पहले जैसा नहीं रहा। नई बहू के आने से घर के नियमों में बदलाव हो सकते हैं, जिम्मेदारियों में बदलाव हो सकते हैं और रिश्तों में भी बदलाव हो सकते हैं। यह सब बच्चों के लिए अनुकूलित करना मुश्किल हो सकता है। यह वैसा ही है जैसे आप अपने दोस्तों के साथ खेल रहे हों और अचानक एक नया बच्चा आ जाए और वह आपके सभी दोस्तों के साथ खेलने लगे। आपको लगेगा कि आपकी जगह कोई दूसरा ले रहा है। आपको ईर्ष्या होगी और आप असुरक्षित महसूस करेंगे। यह सारी भावनाएं और चुनौतियां मिलकर बच्चों के मन में एक आंतरिक संघर्ष पैदा करती हैं। वे खुद को समझ नहीं पाते कि वे क्या महसूस कर रहे हैं और उन्हें क्या करना चाहिए। वे अपने माता-पिता से नाराज़ होते हैं, नई बहू से ईर्ष्या करते हैं और खुद को अकेला और असुरक्षित महसूस करते हैं।यह आत्म संघर्ष उनके व्यवहार में भी दिखाई दे सकता है। वे चिड़चिड़े हो सकते हैं, गुस्सैल हो सकते हैं, अवसाद में जा सकते हैं या फिर अपने आप को दूसरों से दूर कर सकते हैं। यह ज़रूरी है कि माता-पिता इस समय अपने बच्चों की भावनाओं को समझें और उनका सहयोग करें।

शादी के बाद बच्चों से जुड़े बड़ों का आत्मसंघर्ष

समझदार माता-पिता के लिए बच्चों की शादी खुशियों की सौगात होती है लेकिन अज्ञानी माँ-बाप के लिए एक मीठा-कड़वा अनुभव होता है। एक तरफ जहाँ उन्हें अपने बच्चों को जीवन के नए अध्याय में कदम रखते देख गर्व और खुशी होती है, वहीं दूसरी तरफ एक अजीब सी बेचैनी और खालीपन भी महसूस होता है। जैसे-

- **अलगाव का डर:** शादी के बाद बच्चे अपना घर बसाते हैं, नई जिम्मेदारियां निभाते हैं। ऐसे में माँ-बाप को यह डर सताता है कि कहीं बच्चे उनसे दूर न हो जाएँ, कहीं उनके रिश्ते में पहले जैसी गर्माहट न रहे।
- **बदलती भूमिकाएँ:** शादी के बाद बच्चों के जीवन में साथी की प्राथमिकता बढ़ जाती है। माँ-बाप को यह स्वीकार करना होता है कि अब बच्चों के जीवन में उनकी भूमिका पहले जैसी नहीं रही। यह बदलाव कभी-कभी माँ-बाप के लिए मुश्किल हो सकता है।
- **अकेलापन:** बच्चों के घर से चले जाने के बाद माँ-बाप को अकेलापन घेर सकता है। घर में पहले जैसी रौनक नहीं रहती, बच्चों की किलकारियाँ नहीं सुनाई देतीं। यह खालीपन माँ-बाप को अंदर ही अंदर खाए जाता है।
- **चिंता:** माँ-बाप को हमेशा अपने बच्चों की चिंता रहती है। शादी के बाद यह चिंता और भी बढ़ जाती है। क्या बच्चे अपने नए जीवन में खुश हैं? क्या वे अपनी जिम्मेदारियाँ अच्छी तरह निभा पा रहे हैं?
- **अपेक्षाओं का टकराव:** कभी-कभी माँ-बाप की अपेक्षाएँ बच्चों और उनके साथी से मेल नहीं खातीं। ऐसे में रिश्तों में तनाव आ सकता है।

इस आत्मसंघर्ष से कैसे निपटें?

- **बच्चों के साथ खुली और ईमानदार बातचीत:** अपनी भावनाओं को बच्चों के साथ साझा करें। उन्हें यह एहसास दिलाएँ कि आप उनसे प्यार करते हैं और हमेशा उनके साथ हैं।
- **बदलाव को स्वीकार करें:** यह समझें कि शादी बच्चों के जीवन का एक महत्वपूर्ण हिस्सा है और इसके साथ ही कुछ बदलाव आना स्वाभाविक है।
- **अपनी ज़िंदगी में व्यस्त रहें:** अपने शौक पूरे करें, दोस्तों के साथ समय बिताएँ, नई चीज़ें सीखें।
- **बच्चों पर अपनी अपेक्षाओं का बोझ न डालें:** उन्हें अपनी ज़िंदगी अपने हिसाब से जीने की आज़ादी दें।
- **सकारात्मक रहें:** यह याद रखें कि आपके बच्चे अब भी आपसे प्यार करते हैं और आपकी कद्र करते हैं।

यह आत्मसंघर्ष एक ऐसी यात्रा है जिसे हर माँ-बाप को तय करना होता है। इस यात्रा में धैर्य, समझदारी और सकारात्मक सोच आपकी सबसे बड़ी ताकत होंगे।

सास-बहू के बीच आम टकराव और उनके सकारात्मक पहलू

क्र.सं.	टकराव का कारण	संभावित समाधान
1	**घर के कामकाज को लेकर अलग-अलग राय:** सास चाहती है कि बहू घर के कामकाज उसी तरह करे जैसे वो खुद करती आई है, जबकि बहू का अपना तरीका हो सकता है।	* **खुली बातचीत:** सास और बहू दोनों को अपनी-अपनी बात शांति से रखनी चाहिए। एक-दूसरे की राय का सम्मान करें और मध्य मार्ग निकालने की कोशिश करें। .* **लचीलापन:** दोनों को ही थोड़ा लचीला होना होगा। सास को समझना चाहिए कि हर व्यक्ति का काम करने का तरीका अलग होता है। बहू को भी सास के अनुभव से सीखने की कोशिश करनी चाहिए। .* **काम का बँटवारा:** घर के कामों को आपस में बाँट लें। इससे किसी एक पर ज़्यादा बोझ नहीं पड़ेगा।
2	**खाना बनाने को लेकर मतभेद:** सास को लग सकता है कि बहू को खाना बनाना नहीं आता, या फिर बहू को लग सकता है कि सास उसके बनाए खाने की कद्र नहीं करती।	* **तारीफ करें:** अगर खाना अच्छा बना है तो एक-दूसरे की तारीफ ज़रूर करें। .* **नए व्यंजन सीखें:** सास अपनी बहू को कुछ नए व्यंजन सिखा सकती है, और बहू भी सास से कुछ नया सीख सकती है। .* **मदद करें:** खाना बनाते समय एक-दूसरे की मदद करें।
3	**बच्चों की परवरिश को लेकर अलग-अलग सोच:** सास और बहू के बच्चों की परवरिश को लेकर	* **बच्चों के हित को प्राथमिकता दें:** दोनों को ही यह समझना चाहिए कि बच्चों का भला सबसे ज़रूरी है। .* **एक-दूसरे की बात सुनें:** दोनों को ही एक-दूसरे की बात ध्यान

	अलग-अलग विचार हो सकते हैं।	से सुननी चाहिए और समझने की कोशिश करनी चाहिए। .✶ **आधुनिक तरीकों को अपनाएँ:** बच्चों की परवरिश के लिए आधुनिक तरीकों के बारे में जानकारी हासिल करें और उन्हें अपनाएँ।
4	**पैसे के मामले में असहमति:** खर्च करने के तरीके, बचत करने के तरीके, या फिर पैसे को लेकर किसी भी तरह की असहमति हो सकती है।	✶ **बजट बनाएँ:** घर का बजट बनाएँ और उस हिसाब से खर्च करें। .✶ **पारदर्शिता रखें:** पैसे के मामले में एक-दूसरे से कुछ न छिपाएँ। .✶ **ज़रूरत और चाहत में फर्क समझें:** ज़रूरी चीज़ों पर खर्च करें, फिज़ूलखर्ची से बचें।
5	**निजी ज़िंदगी में दखलअंदाज़ी:** सास का बहू की ज़िंदगी में दखल देना, या फिर बहू का सास की ज़िंदगी में दखल देना।	✶ **सीमाओं का सम्मान करें:** दोनों को ही एक-दूसरे की निजी ज़िंदगी का सम्मान करना चाहिए। .✶ **ज़रूरत पड़ने पर ही सलाह दें:** बिना माँगे सलाह न दें। अगर कोई सलाह माँगता है तो ही दें। .✶ **अपनी बात कहने का सही तरीका सीखें:** अगर किसी बात से परेशानी है तो उसे शांति से और सम्मान के साथ कहें।
6	**रिश्तेदारों से जुड़ी समस्याएँ:** सास के रिश्तेदारों से बहू को परेशानी हो सकती है, या फिर बहू के रिश्तेदारों से सास को परेशानी हो सकती है।	✶ **समझदारी से काम लें:** रिश्तेदारों के मामले में समझदारी से काम लें। किसी की बुराई न करें। .✶ **सकारात्मक रवैया रखें:** सभी के साथ प्यार और सम्मान से पेश आएँ। .✶ **सीमाएँ निर्धारित करें:** ज़रूरत पड़ने पर सीमाएँ निर्धारित करें। किसी को भी आपकी ज़िंदगी में ज़्यादा दखलअंदाज़ी की इजाज़त न दें।
7	**सामाजिक और सांस्कृतिक मतभेद:** सास और बहू की परवरिश	✶ **खुले मन से बात करें:** अपनी संस्कृति और परंपराओं के बारे में एक-दूसरे को बताएँ। .✶ **एक-दूसरे की संस्कृति का**

	अलग-अलग माहौल में हुई हो सकती है, जिस वजह से उनके सोचने का तरीका अलग हो सकता है।	**सम्मान करें:** एक-दूसरे की संस्कृति को समझने और उसका सम्मान करने की कोशिश करें। .* **नई चीज़ें सीखें:** एक-दूसरे की संस्कृति से नई चीज़ें सीखें।
8	**आधुनिकता vs परंपरा:** बहू आधुनिक खयालों वाली हो सकती है, जबकि सास परंपराओं को मानने वाली हो सकती है।	* **संतुलन बनाएँ:** आधुनिकता और परंपरा के बीच संतुलन बनाने की कोशिश करें। .* **एक-दूसरे की राय का सम्मान करें:** दोनों को ही एक-दूसरे की राय का सम्मान करना चाहिए। .* **समझौता करें:** कभी-कभी परंपराओं में थोड़ा बदलाव लाना पड़ सकता है। दोनों को ही समझौता करने के लिए तैयार रहना चाहिए।
9	**अपेक्षाओं का बोझ:** सास को बहू से कुछ अपेक्षाएँ हो सकती हैं, और बहू को सास से कुछ अपेक्षाएँ हो सकती हैं।	* **अपेक्षाओं को व्यक्त करें:** अपनी अपेक्षाओं के बारे में खुलकर बात करें। .* **वास्तविक अपेक्षाएँ रखें:** ऐसी अपेक्षाएँ न रखें जिन्हें पूरा करना मुश्किल हो। .* **समझौता करें:** अपेक्षाओं को लेकर समझौता करने के लिए तैयार रहें।
10	**बाहरी लोगों का दखल:** रिश्तेदारों, पड़ोसियों, या फिर दोस्तों का सास-बहू के रिश्ते में दखल देना।	* **अपनी समस्याओं को खुद सुलझाएँ:** किसी भी बाहरी व्यक्ति को अपने रिश्ते में दखल देने की इजाज़त न दें। .* **सीमाएँ निर्धारित करें:** बाहरी लोगों को यह स्पष्ट कर दें कि आप अपनी समस्याओं को खुद सुलझा सकते हैं। .* **एक-दूसरे का साथ दें:** मुश्किल समय में एक-दूसरे का साथ दें।

शादी से पहले बोले गए झूठ के कारण होने वाला आत्मसंघर्ष:

कभी-कभी बड़ों द्वारा शादी तय करने के लिए कुछ बातें छिपाई जाती हैं या फिर झूठ बोला जाता है। ऐसा करने के पीछे उनका मकसद बच्चों का भला करना होता है, लेकिन इस झूठ का खामियाज़ा नवविवाहित लड़के/लड़की और दोनों परिवारों को भुगतना पड़ता है। शादी के बाद जब सच्चाई सामने आती है, तो रिश्तों में दरार आ सकती है, विश्वास टूट सकता है, और आत्मसंघर्ष पैदा हो सकता है। कुछ संभावित झूठ और उनके कारण होने वाले आत्मसंघर्ष :

झूठ	आत्मसंघर्ष
लड़के की नौकरी या पढ़ाई के बारे में गलत जानकारी देना	लड़की को एहसास होता है कि उसे धोखा दिया गया है, उसे अपने सपनों और अपेक्षाओं से समझौता करना पड़ रहा है
लड़की के स्वास्थ्य के बारे में झूठ बोलना	लड़का अपने आप को ठगा हुआ महसूस करता है, उसे लगता है कि उसके साथ धोखा हुआ है
परिवार की आर्थिक स्थिति के बारे में गलत बात बताना	शादी के बाद जब सच्चाई पता चलती है तो दोनों परिवारों के बीच तनाव पैदा हो सकता है, रिश्ते खराब हो सकते हैं
लड़के/लड़की की उम्र के बारे में झूठ बोलना	उम्र का फ़र्क ज़्यादा होने पर रिश्ते में समस्याएँ आ सकती हैं, एक-दूसरे को समझने में दिक्कत हो सकती है
लड़के/लड़की के किसी गंभीर बीमारी के बारे में झूठ बोलना	शादी के बाद जब यह बात पता चलती है तो रिश्ते में टूट आ सकती है, विश्वास खत्म हो सकता है
लड़के/लड़की के चरित्र या आदतों के बारे में गलत जानकारी देना	शादी के बाद जब सच्चाई सामने आती है तो निराशा और गुस्सा हो सकता है, रिश्ते में कड़वाहट आ सकती है

लड़के/लड़की की पहले शादी या किसी रिश्ते के बारे में झूठ बोलना	विश्वासघात का एहसास होता है, रिश्ते में शक और अविश्वास पैदा हो सकता है
लड़के/लड़की के परिवार में किसी गंभीर समस्या के बारे में झूठ बोलना	परिवार से जुड़ी छिपी हुई बातें रिश्ते में बाधा पैदा कर सकती हैं, मानसिक तनाव का कारण बन सकती हैं
दहेज के बारे में झूठ बोलना	शादी के बाद दहेज की मांग करने पर रिश्ते में खटास आ सकती है, लड़की को प्रताड़ित किया जा सकता है

शादी से पहले बोले गए झूठ के कारण होने वाले आत्मसंघर्ष से निपटने के लिए कुछ सुझाव:

स्वीकृतिः सबसे पहले, यह स्वीकार करना ज़रूरी है कि आपके साथ गलत हुआ है। अपने आप को दोषी न ठहराएं और स्थिति को समझने की कोशिश करें।

संवादः अपने साथी से खुलकर बात करें। अपनी भावनाओं को साझा करें और उन्हें समझने की कोशिश करें। हो सकता है कि आपके साथी को भी इस झूठ से तकलीफ हुई हो।

क्षमाः अगर संभव हो तो, माफी देने की कोशिश करें। यह आपके लिए आगे बढ़ने में मदद करेगा। **समझौताः** हर रिश्ते में समझौते की ज़रूरत होती है। यह देखें कि क्या आप इस स्थिति में कोई समझौता कर सकते हैं। अगर समझौता कर सकते हैं तो एक निर्णय लें और उस पर दृढ़ निश्चय से टिके रहें, अगर समझौता संभव न हो तो कानूनी रूप से मदद लेकर अलग होना भी एक समझदारी भरा विकल्प हो सकता है ताकि लड़का और लड़की अपना जीवन फिर से शुरू कर सकें और घुट घुट कर मरने से बचें और परिवारों को भी घुट घुट कर मरने से बचाया जा सके।

आत्म-देखभालः इस मुश्किल समय में अपना ख्याल रखना बहुत ज़रूरी है। अपने शौक पूरे करें, दोस्तों और परिवार के साथ समय बिताएं और ज़रूरत पड़ने पर अनुभवी लोगों /पेशेवर की मदद लें।

याद रखें

ॐ आप अकेले नहीं हैं। कई लोग शादी से पहले बोले गए झूठ का शिकार होते हैं।

ॐ समय सबसे बड़ा मरहम है। धीरे-धीरे चीज़ें बेहतर होंगी।

ॐ आप इस स्थिति से उबर सकते हैं और एक खुशहाल ज़िंदगी जी सकते हैं।

यह देखना ज़रूरी है कि शादी से पहले किसी भी तरह का झूठ न बोला जाए। सच्चाई छिपाने से भविष्य में और भी बड़ी समस्याएँ पैदा हो सकती हैं। रिश्तों की नींव ईमानदारी और विश्वास पर होनी चाहिए।

ॐ **बच्चों के लिए शादी के बाद आने वाले बदलावों और आत्मसंघर्ष से निपटने के उपाय**

शादी के बाद, लड़के/लड़की एकदम नई दुनिया में कदम रखते हैं जहाँ नए रिश्ते, नई ज़िम्मेदारियाँ और नई उम्मीदें आपका इंतज़ार कर रही होती हैं। इस नए माहौल में ढलना हर किसी के लिए आसान नहीं होता। कभी-कभी आप खुद को खोया हुआ, अकेला और उलझन में महसूस कर सकते हैं। ऐसे में आत्मसंघर्ष होना स्वाभाविक है। यह आत्मसंघर्ष कई रूपों में सामने आ सकता है। हो सकता है कि आपको अपने ससुराल वालों के साथ तालमेल बिठाने में दिक्कत हो रही हो। शायद आपकी और आपके साथी की परवरिश अलग-अलग तरह से हुई हो, जिसकी वजह से आपके सोचने और रहने के तरीके में अंतर हो। हो सकता है कि आप दोनों के कामकाज और ज़िम्मेदारियों को लेकर आपस में टकराव हो रहा हो। कभी-कभी अपनी पहचान और स्वतंत्रता को लेकर भी आत्मसंघर्ष हो सकता है। सोचो जब बच्चे, नए स्कूल में जाते है तो कैसा लगता है? थोड़ा डर लगता है ना? नए दोस्त बनाने होते हैं, नए टीचर होते हैं, नई क्लास होती है। शादी भी कुछ ऐसी ही होती है। यह एक नए घर जाने जैसा है जहाँ बहुत सारे नए लोग और नए नियम होते हैं। शुरू-शुरू में थोड़ी अजीब लग सकता है, मन भी उदास हो सकता है। पर धीरे-धीरे सब ठीक हो जाता है। नए दोस्त बन जाते हैं, नए नियमों की आदत हो जाती है और नया घर भी अपना सा लगने लगता है। बस शादी के बाद भी ऐसा ही होता है। थोड़ा समय दो, सब कुछ ठीक हो जाता है।

यहाँ कुछ उपाय दिए गए हैं जो शादी के बाद बच्चों को आत्मसंघर्ष से निपटने में मदद कर सकते हैं:

ॐ **खुद को समय दें:** शादी के बाद नए माहौल में ढलने में समय लगता है। खुद को और अपने ससुराल वालों को समय दें। धीरे-धीरे सब कुछ ठीक हो जाएगा।

- ॐ **अपेक्षाओं को कम करें:** ज़िंदगी फिल्मों की तरह परफेक्ट नहीं होती। अपने रिश्तों और परिस्थितियों से अवास्तविक अपेक्षाएं ना रखें।
- ॐ **सकारात्मक रहें:** मुश्किल समय में भी सकारात्मक रवैया बनाए रखें। हर समस्या का हल ज़रूर होता है।
- ॐ **खुलकर बात करें:** अपने साथी और ससुराल वालों से खुलकर बात करें। अपनी भावनाओं और चिंताओं को उनके साथ साझा करें।
- ॐ **समझौता करना सीखें:** शादी में समझौता बहुत ज़रूरी है। अपनी और अपने साथी की ज़रूरतों का ख्याल रखें।
- ॐ **अपनी पहचान बनाए रखें:** शादी का मतलब यह नहीं है कि आप अपनी पहचान खो दें। अपने शौक और रुचियों को ज़िंदा रखें।

संवाद, समझौता और सकारात्मक सोच का महत्व

शादी एक ऐसी नींव है जो विश्वास, सम्मान और प्यार पर टिकी होती है। इस नींव को मज़बूत बनाने में संवाद, समझौता और सकारात्मक सोच का बहुत बड़ा योगदान होता है।

संवाद: किसी भी रिश्ते की सफलता का राज खुले और ईमानदार संवाद में छिपा होता है। अपने साथी/ परिवार से अपनी भावनाओं, चिंताओं और उम्मीदों के बारे में खुलकर बात करें। उनकी बातों को ध्यान से सुनें और समझने की कोशिश करें। जब आप अपने साथी से खुलकर बात करते हैं, तो आपके बीच गलतफहमियाँ दूर होती हैं और आपका रिश्ता और भी मज़बूत होता है।

समझौता: शादी में दो व्यक्ति अपना जीवन साथ में बिताने का फैसला करते हैं। यह ज़रूरी है कि आप दोनों एक-दूसरे की ज़रूरतों और इच्छाओं का सम्मान करें और ज़रूरत पड़ने पर समझौता करने को तैयार रहें। समझौता का मतलब यह नहीं है कि आप अपनी खुशियों का बलिदान दे दें, बल्कि इसका मतलब है कि आप अपने साथी की खुशियों का भी ख्याल रखें।

सकारात्मक सोच: ज़िंदगी में उतार-चढ़ाव आते रहते हैं। मुश्किल समय में भी सकारात्मक रवैया बनाए रखना बहुत ज़रूरी है। सकारात्मक सोच आपको चुनौतियों का सामना करने और मुश्किलों से बाहर निकलने की हिम्मत देती है। यह आपके रिश्ते में भी खुशियाँ लाती है।

शादी के बाद न सिर्फ़ पति-पत्नी के बीच बल्कि दोनों परिवारों के बीच भी नए रिश्ते बनते हैं। इन रिश्तों को निभाने में हर व्यक्ति की अपनी-अपनी ज़िम्मेदारी होती है।

एक बेटे की समझदार माँ का रोल: एक अच्छी समझदार माँ अपने बेटे को यह सिखाती है कि वह अपनी पत्नी का सम्मान करे, उसकी भावनाओं का ख्याल रखे और उसे अपने जीवन में बराबरी का दर्जा दे। वह अपने बेटे और बहू के बीच किसी भी तरह का भेदभाव नहीं करती और उन दोनों को अपना आशीर्वाद देती है।

एक बेटी की समझदार माँ का रोल: एक अच्छी माँ अपनी बेटी को यह सिखाती है कि वह अपने ससुराल वालों का सम्मान करे, उनके साथ प्यार से पेश आए और अपने नए घर में खुश रहने की कोशिश करे। वह अपनी बेटी को यह भी सिखाती है कि वह अपनी पहचान और स्वतंत्रता को बनाए रखे।

एक अच्छे पिता (ससुर बेटे और बेटी दोनों के लिए) का रोल: एक अच्छा पिता अपने बेटे और बहू दोनों को अपने बच्चों की तरह प्यार और सम्मान देता है। वह उनके बीच किसी भी तरह का भेदभाव नहीं करता और उन दोनों को अपना आशीर्वाद देता है। वह अपनी बेटी के लिए भी एक मजबूत सहारा बनता है और उसे हर मुश्किल में साथ देता है।

एक अच्छी ननद या भाभी का रोल: एक अच्छी ननद या भाभी अपने भाई/बहन की पत्नी/पति को अपने परिवार का हिस्सा मानती है और उसके साथ प्यार और सम्मान से पेश आती है। वह उसे अपने नए घर में ढलने में मदद करती है और उसके साथ एक मजबूत रिश्ता बनाती है।

परिवारिक रिश्तों को मज़बूत बनाने के लिए मार्गदर्शन

परिवारिक रिश्ते हमारी ज़िंदगी का सबसे अनमोल तोहफा होते हैं। इन रिश्तों को मज़बूत बनाने के लिए कुछ बातों का ध्यान रखना ज़रूरी है:

- ॐ **एक-दूसरे का सम्मान करें:** हर रिश्ते की नींव सम्मान होती है। अपने परिवार वालों की भावनाओं का ख्याल रखें और उनके साथ सम्मान से पेश आएं।
- ॐ **प्यार और स्नेह दिखाएं:** अपने परिवार वालों को यह एहसास दिलाएं कि आप उनसे प्यार करते हैं और उनकी परवाह करते हैं। छोटी-छोटी बातों में भी उनके लिए अपना प्यार और स्नेह ज़ाहिर करें।

- **समय बिताएं:** अपने परिवार वालों के साथ समय बिताएं। साथ में खाना खाएं, बातें करें, घूमने जाएं और मज़े करें। यह आपके रिश्तों को मज़बूत बनाएगा।
- **एक-दूसरे की मदद करें:** ज़रूरत पड़ने पर एक-दूसरे की मदद करें। यह आपके रिश्तों में विश्वास और भरोसा पैदा करेगा।
- **गलतियों को माफ़ करें:** कोई भी इंसान परफेक्ट नहीं होता। गलतियाँ होना स्वाभाविक है। अपने परिवार वालों की गलतियों को माफ़ करें और आगे बढ़ें।
- **सकारात्मक रवैया रखें:** हर परिस्थिति में सकारात्मक रवैया रखें। यह आपके रिश्तों में खुशियाँ लाएगा।

आत्मसंघर्ष को स्वीकार करके खुशहाल जीवन जीने की कला

आत्मसंघर्ष जीवन का एक अभिन्न हिस्सा है। यह हमें मज़बूत बनाता है और हमें आगे बढ़ने की प्रेरणा देता है। आत्मसंघर्ष को नकारने या उससे भागने की बजाय हमें उसे स्वीकार करना चाहिए। जब हम आत्मसंघर्ष को स्वीकार करते हैं, तो हम उससे सीखते हैं और बढ़ते हैं।

आत्मसंघर्ष को स्वीकार करके खुशहाल जीवन जीने के लिए कुछ बातों का ध्यान रखना ज़रूरी है:

- **खुद को समझें:** अपनी ताकत और कमज़ोरियों को पहचानें। अपनी भावनाओं को समझें और उन्हें स्वीकार करें।
- **अपनी तुलना दूसरों से ना करें:** हर व्यक्ति अलग होता है। अपनी तुलना दूसरों से करना बंद कर दें और खुद पर ध्यान केंद्रित करें।
- **अपनी गलतियों से सीखें:** गलतियाँ होना स्वाभाविक है। अपनी गलतियों को स्वीकार करें और उनसे सीखें।
- **खुद को माफ़ करें:** अतीत में की गई गलतियों के लिए खुद को माफ़ कर दें और आगे बढ़ें।
- **अपने आप से प्यार करें:** खुद को वैसे ही स्वीकार करें जैसे आप हैं। अपनी ताकत और खूबियों पर गर्व करें।
- **सकारात्मक रहें:** हर परिस्थिति में सकारात्मक रहने की कोशिश करें। यह आपको खुश रहने में मदद करेगा।

- **अपने लिए समय निकालें:** अपने लिए समय निकालें और वो काम करें जो आपको पसंद हैं। यह आपको तनाव मुक्त रहने में मदद करेगा।
- **ज़रूरत पड़ने पर मदद लें:** अगर आपको लगता है कि आप अकेले नहीं निपट सकते, तो किसी किसी समझदार अपने की मदद लें।रखें, आत्मसंघर्ष कोई बुरी चीज़ नहीं है। यह तो जीवन का एक हिस्सा है जो हमें मज़बूत बनाता है और हमें आगे बढ़ने की प्रेरणा देता है। आत्मसंघर्ष को स्वीकार करें, उससे सीखें।
- **धैर्य रखें:** रिश्तों को समय और धैर्य की ज़रूरत होती है। किसी भी समस्या का हल तुरंत नहीं निकलता। धैर्य रखें और समस्याओं को समझदारी से सुलझाने की कोशिश करें।
- **अपनी ज़िम्मेदारी समझें:** हर रिश्ते में दोनों पक्षों की अपनी-अपनी ज़िम्मेदारियाँ होती हैं। अपनी ज़िम्मेदारी को समझें और उसे निभाने की कोशिश करें।
- **क्षमा करना सीखें:** क्षमा एक ऐसा गुण है जो रिश्तों को मज़बूत बनाता है। अपने परिवार वालों की गलतियों को क्षमा करें और आगे बढ़ें।
- **खुद को बदलें:** कभी-कभी हमें खुद को बदलने की ज़रूरत होती है। अगर आपको लगता है कि आपकी कोई आदत या व्यवहार आपके रिश्तों में समस्या पैदा कर रहा है, तो उसे बदलने की कोशिश करें।

शादी के बाद लड़के और लड़की के कर्तव्य

कर्तव्य	**लड़के/ लड़की के लिए**
एक-दूसरे के प्रति	
1. सम्मान:	एक-दूसरे के के विचारों, भावनाओं और फैसलों का सम्मान करें।
2. प्यार और स्नेह:	एक-दूसरे के को प्यार और स्नेह दें, भावनाओं को समझें।
3. समर्थन:	ज़िंदगी के हर मोड़ पर एक-दूसरे का साथ दें, हौसला बढ़ाएँ।

4. संवाद:	खुलकर बातचीत करें, अपनी भावनाओं को साझा करें।
5. समझौता:	रिश्ते में समझौता करना सीखें, अपनी ज़िद न करें।
6. विश्वास:	एक-दूसरे पर भरोसा रखें, शक न करें।
7. जिम्मेदारी:	घर और परिवार की जिम्मेदारियों को निभाएँ।
अपने माता-पिता के प्रति	
8. सम्मान और देखभाल:	अपने माता-पिता का सम्मान करें, उनकी देखभाल करें।
9. समय:	अपने माता-पिता के लिए समय निकालें, उनसे मिलते रहें।
नए माता-पिता के प्रति	
10. सम्मान और प्यार:	नए माता-पिता (ससुराल वालों) का सम्मान करें, उन्हें प्यार और अपनापन दें।
11. समझ:	उनकी भावनाओं को समझें, उनके साथ तालमेल बिठाने की कोशिश करें।
12. सेवा:	उनकी सेवा करें, उनकी ज़रूरतों का ध्यान रखें।

याद रखें, आप अकेले नहीं हैं। हर व्यक्ति ऐसे समय में किसी न किसी समय आत्मसंघर्ष से गुज़रता है। महत्वपूर्ण यह है कि आप इस चुनौती का सामना कैसे करते हैं। सकारात्मक रहें, खुद पर विश्वास रखें और आगे बढ़ते रहें।

9. आत्मग्लानि अर्थात Guilt से पैदा हुआ आत्मसंघर्ष

आत्मग्लानि एक ऐसा एहसास है जैसे आप अपने ही मन की अदालत में मुजरिम हों। आपने जो किया या जो नहीं किया, उसके लिए आप खुद को सज़ा दे रहे हैं। मान लीजिए आपने किसी दोस्त से झूठ बोला और बाद में आपको बहुत बुरा लगा। यह बुरा लगना ही आत्मग्लानि है। इसी तरह मान लो आपने ईमानदारी से बहुत प्रयास से मदद करनी चाहि लेकिन आप सफल नहीं हो पाए तो आपके मन में अपने प्रति निराशा के कारण घुटन महसूस हो सकती है, यह आत्मग्लानि है।या फिर, आपने किसी जरूरतमंद की मदद नहीं की और बाद में आपको एहसास हुआ कि आप मदद कर सकते थे, तो यह भी आत्मग्लानि है। यह एहसास आपके मन में बोझ की तरह बैठ जाता है और आपको अंदर ही अंदर खाए जाता रहता है। इस आत्मग्लानि का असर सिर्फ आपके मन तक सीमित नहीं रहता, यह आपके शरीर पर भी दिखने लगता है। आप हर समय चिंता में रहने लगते हैं, उदास रहते हैं, रातों को नींद नहीं आती, और आप खुद पर से भरोसा खोने लगते हैं। जैसे कोई पौधा बिना पानी के मुरझा जाता है, वैसे ही आत्मग्लानि आपको आत्मविश्वास की कमी करके अंदर से कमजोर बना देती है। लेकिन यह आत्मग्लानि आत्मसंघर्ष से कैसे जुड़ी है? दरअसल, जब आप खुद को दोषी मानते हैं, तो आप अपने ही खिलाफ एक जंग छेड़ देते हैं। आप खुद को नीचा दिखाते हैं, खुद को सज़ा देते हैं, और खुद से नफ़रत करने लगते हैं। यह एक ऐसा संघर्ष है जिसमें आप हमेशा हारते हैं, क्योंकि आप अपने ही सबसे बड़े दुश्मन बन जाते हैं। आप अपने अंदर ही अंदर उलझे रहते हैं। यह कुछ ऐसा है जैसे आप एक दलदल में फंस गए हों। जितना आप उससे निकलने की कोशिश करते हैं, उतना ही गहरे धंसते जाते हैं। आत्मग्लानि आपको इसी दलदल में धकेल देती है और आत्मसंघर्ष आपको उसमें और गहराई तक ले जाता है।यह आत्मग्लानि ही असली आत्मसंघर्ष की जड़ है। आप खुद से ही लड़ने लगते हैं, खुद को कोसते हैं, सज़ा देते हैं। इस लड़ाई में आपकी शांति और खुशी दोनों हार जाते हैं।

आत्मग्लानि के कारण:

आत्मग्लानि, यानी खुद को दोषी मानने की भावना, कई कारणों से जन्म ले सकती है। ये कारण हमारे अतीत में छिपे हो सकते हैं या वर्तमान में हमें घेरे हुए।

भूतकाल की घटनाएँ: कभी-कभी बचपन की कुछ घटनाएँ हमें सालों तक सालती रहती हैं। हो सकता है कि बचपन में हमने अनजाने में कोई गलती कर दी हो, जैसे किसी दोस्त का खिलौना तोड़ दिया हो या किसी की बात ना मानी हो। बड़े होने पर हमें एहसास होता है कि हमने गलत किया था, और यह एहसास हमें अंदर ही अंदर खाए जाता रहता है। रिश्तों में भी कई बार ऐसी गलतियाँ हो जाती हैं जिनका हमें बाद में पछतावा होता है। किसी प्रियजन से झूठ बोलना, किसी की भावनाओं को ठेस पहुँचाना, या किसी रिश्ते को संभाल ना पाना - ये सब बातें हमें आत्मग्लानि की ओर धकेल सकती हैं। कभी-कभी हम जाने-अनजाने में किसी को चोट पहुँचा देते हैं। शायद हमने गुस्से में कुछ ऐसा कह दिया हो जिससे किसी का दिल दुख गया हो, या फिर हमारी किसी लापरवाही से किसी को नुकसान पहुँच गया हो। ऐसे में खुद को माफ़ करना बहुत मुश्किल हो जाता है। हम सबके अपने कुछ आदर्श और मूल्य होते हैं, जिनके आधार पर हम जीने की कोशिश करते हैं। लेकिन कई बार परिस्थितियाँ ऐसी बन जाती हैं कि हम अपने ही सिद्धांतों से समझौता कर लेते हैं। ऐसा करने पर हमें लगता है कि हमने खुद को धोखा दिया है, और इससे भीतर ही भीतर आत्मग्लानि पैदा होती है।

वर्तमान परिस्थितियाँ:

कई बार हम अपनी पूरी क्षमता के अनुसार नहीं जी पाते। हमें लगता है कि हम और बेहतर कर सकते थे, लेकिन किसी कारण से हम पीछे रह गए। यह एहसास हमें नाकाम और हताश कर सकता है, और आत्मग्लानि का रूप ले सकता है। हम सब पर परिवार, दोस्तों, और समाज की कुछ अपेक्षाएँ होती हैं। जब हम इन अपेक्षाओं पर खरा नहीं उतर पाते, तो हमें लगता है कि हम दूसरों को निराश कर रहे हैं। इससे भी आत्मग्लानि पैदा हो सकती है। जीवन में कई बार हमें ऐसी स्थितियों का सामना करना पड़ता है जहाँ हमें नैतिक दुविधाओं से जूझना पड़ता है। हमें ऐसे फ़ैसले लेने पड़ते हैं जहाँ कोई भी विकल्प पूरी तरह से सही नहीं लगता। ऐसे में चाहे हम कोई भी फ़ैसला लें, हमें कुछ ना कुछ आत्मग्लानि तो होती ही है।

आत्मग्लानि से पैदा होने वाले आत्मसंघर्ष के प्रकार:

⌘ **खुद से नफ़रत:** जब हम किसी बात के लिए खुद को दोषी मानते हैं, तो अक्सर खुद से नफ़रत करने लगते हैं। हमारे मन में "मैं बुरा इंसान हूँ", "मैं कुछ भी सही नहीं कर सकता" जैसे विचार आने लगते हैं। यह नफ़रत हमें अंदर ही अंदर खाने लगती है और हम खुद को हीन भावना का शिकार बना लेते हैं।

उदाहरण के लिए, मान लीजिए आपने ग़लती से किसी का दिल दुखा दिया। अब आप खुद को कोस रहे हैं, सोच रहे हैं कि आप कितने बुरे इंसान हैं जो ऐसा कर बैठे। यह नकारात्मक सोच आपके आत्म-सम्मान को गहरी चोट पहुंचा सकती है।

⌘ **आत्म-दंड:** आत्मग्लानि अक्सर हमें आत्म-दंड की ओर ले जाती है। हम खुद को सज़ा देने लगते हैं, जैसे खुद को भूखा रखना, नींद से वंचित रखना, या शारीरिक कष्ट देना। इसके अलावा, हम अपनी अत्यधिक आलोचना करते हैं और हर गलती के लिए खुद को दोषी ठहराते हैं।

उदाहरण के लिए, अगर आपको लगता है कि आपकी वजह से आपके परिवार को कोई परेशानी हुई है, तो हो सकता है कि आप खुद को माफ़ ना कर पाएँ और अपने आप को सज़ा देने के लिए काम में ज़रूरत से ज़्यादा समय बिताएँ या अपने शौक़ छोड़ दें।

⌘ **अलगाव:** आत्मग्लानि हमें दूसरों से दूर कर सकती है। हम लोगों से बात करने से कतराने लगते हैं और अपने आप को अकेले में समय बिताने लगते हैं। यह अलगाव हमें और भी अंदर की ओर धकेल सकता है और हमें डिप्रेशन का शिकार बना सकता है।

उदाहरण के लिए, अगर आपने किसी दोस्त के साथ विश्वासघात किया है और इस बात का आपको बहुत दुःख है, तो शायद आप उस दोस्त से मिलने से बचने लगें और उसके फ़ोन कॉल्स भी ना उठाएँ। धीरे-धीरे आप अपने सारे दोस्तों से दूर हो जाएँगे और अकेले रहने लगेंगे।

⌘ **निष्क्रियता:** आत्मग्लानि हमें निष्क्रिय बना सकती है। हम नए कार्यों को करने से डरने लगते हैं क्योंकि हमें डर होता है कि हम फिर से कोई गलती कर बैठेंगे। यह डर हमें जीवन में आगे बढ़ने से रोकता है और हमें एक ही जगह पर अटका रखता है।

उदाहरण के लिए, मान लीजिए आप एक नया व्यवसाय शुरू करना चाहते हैं, लेकिन पिछली बार आपका एक व्यवसाय असफल रहा था। उस असफलता की आत्मग्लानि आपको नया व्यवसाय शुरू करने से रोक सकती है क्योंकि आपको डर है कि आप फिर से हार जाएँगे।

सोचिए कि आप एक युवा हैं, जिसने विश्वास में धोखा खाया है। आपने अपना विश्वास किसी को दिया, अपना सब कुछ उस रिश्ते में लगा दिया, लेकिन आपको बदले में अहसास हुआ कि आपको चालाकी भरे छल और टूटे हुए भरोसे के सिवा कुछ नहीं मिला। अब आप किसी नए रिश्ते में बँधने से डरते हैं। आपको लगता है कि शायद आप ही में कोई कमी थी, शायद आप ही गलत थे। यह आत्मग्लानि आपको नए रिश्ते बनाने से रोकती है, आपको अकेलेपन की ओर धकेलती है।

या फिर सोचिए कि आप एक ऐसे विद्यार्थी हैं जो परीक्षा में असफल हो गया है। आपने खूब मेहनत की थी, रात-रात भर जागकर पढ़ाई की थी, लेकिन फिर भी आप असफल रहे। अब आप निराश हैं, हताश हैं। आपको लगता है कि आप कुछ भी नहीं कर सकते, आप एक असफल इंसान हैं। यह आत्मग्लानि आपको पढ़ाई से दूर कर देती है, आपको अपने सपनों को पूरा करने से रोकती है।

आत्मग्लानि से मुक्ति और आत्मसंघर्ष का समाधान:

ॐ **स्वीकृति:** आत्मग्लानि से बाहर निकलने का पहला कदम है अपनी गलतियों को स्वीकार करना। हमें यह समझना होगा कि हम इंसान हैं और गलतियाँ करना हमारी फ़ितरत है। गलतियों को छिपाने या उनसे मुँह मोड़ने से समस्या और बढ़ जाती है। इसलिए ज़रूरी है कि हम अपनी गलतियों को स्वीकार करें और खुद को माफ़ कर दें।

उदाहरण के लिए, मान लीजिए आपने गुस्से में आकर अपने दोस्त से कुछ ऐसा कह दिया जिससे उसका दिल दुख गया। ऐसे में सबसे पहले आपको यह स्वीकार करना होगा कि आपने गलती की है। अपनी गलती को स्वीकार करके ही आप आगे बढ़ सकते हैं और रिश्ते को सुधार सकते हैं।

ॐ **क्षमा:** गलतियों को स्वीकार करने के बाद अगला कदम है क्षमा। हमें खुद को और दूसरों को क्षमा करना सीखना होगा। क्षमा करने से हम आत्मग्लानि के बोझ से मुक्त हो सकते हैं और अपने जीवन में शांति पा सकते हैं।

उदाहरण के लिए, अगर आप किसी बात के लिए खुद को दोषी मान रहे हैं, तो खुद को क्षमा कर दें। यह समझें कि आपने जो भी किया, वह आपकी सोच और समझ के अनुसार सही था। अगर किसी और ने आपको चोट पहुँचाई है, तो उसे भी क्षमा कर दें। क्षमा करने से आपके मन को शांति मिलेगी और आप आगे बढ़ पाएंगे।

ॐ **सकारात्मक सोच:** आत्मग्लानि अक्सर नकारात्मक विचारों को जन्म देती है। यह नकारात्मकता हमें अंदर ही अंदर कमज़ोर कर देती है। इसलिए ज़रूरी है कि हम सकारात्मक सोच अपनाएँ। अपनी अच्छाइयों पर ध्यान केंद्रित करें और अपने आत्म-विश्वास को बढ़ाएँ।

उदाहरण के लिए, अगर आपको लगता है कि आप किसी काम में अच्छे नहीं हैं, तो उन कामों के बारे में सोचें जिनमें आप माहिर हैं। अपनी क्षमताओं और प्रतिभा पर विश्वास रखें। यह सकारात्मक सोच आपको आत्मग्लानि से बाहर निकलने में मदद करेगी।

ॐ **आत्म-सुधार:** गलतियों से सीखना और आगे बढ़ने का प्रयास करना बहुत ज़रूरी है। आत्मग्लानि में डूबे रहने से कोई फ़ायदा नहीं है। इसके बजाय, हमें अपनी गलतियों से सीखना चाहिए और भविष्य में उन्हें दोहराने से बचना चाहिए।

उदाहरण के लिए, अगर आपने किसी प्रोजेक्ट में देरी की है, तो इस देरी के कारणों का विश्लेषण करें। क्या आप समय का प्रबंधन ठीक से नहीं कर पाए? क्या आपने काम को टालने की कोशिश की? इन कारणों को समझकर आप भविष्य में ऐसी गलतियों से बच सकते हैं।

ॐ **आत्म-करुणा का अभ्यास:**

आत्म-करुणा का अर्थ है खुद के प्रति दयालु और समझदार होना, खासकर जब हम गलतियाँ करते हैं या असफल होते हैं। जिस तरह हम किसी प्रिय मित्र के प्रति करुणा दिखाते हैं, उसी तरह हमें खुद के प्रति भी करुणा दिखानी चाहिए। हमें अपनी गलतियों को स्वीकार करना चाहिए, खुद को माफ़ करना चाहिए, और आगे बढ़ना चाहिए। आत्म-करुणा का अभ्यास हमें आत्मग्लानि के जाल से बाहर निकाल सकता है और हमें खुद से प्यार करना सिखा सकता है।

उदाहरण के लिए, मान लीजिए आपने कोई महत्वपूर्ण परीक्षा में अच्छा प्रदर्शन नहीं किया। आप निराश हैं और खुद को कोस रहे हैं। ऐसे में आत्म-करुणा का अभ्यास आपको यह याद दिला सकता है कि आप सिर्फ़ एक इंसान हैं और गलतियाँ होना स्वाभाविक है। आप खुद से कह सकते हैं, "यह ठीक है, मैंने अपनी पूरी कोशिश की थी। मैं इस अनुभव से सीखूँगा और अगली बार बेहतर करूँगा।"

ॐ **आत्म-विश्वास बढ़ाना:**

आत्म-विश्वास का अर्थ है खुद पर और अपनी क्षमताओं पर विश्वास करना। जब हम आत्मविश्वासी होते हैं, तो हम जीवन की चुनौतियों का सामना करने के लिए तैयार रहते हैं और अपने लक्ष्यों को प्राप्त करने के लिए प्रयास करते हैं। आत्मग्लानि अक्सर हमारे आत्मविश्वास को कम कर देती है। इसलिए, आत्मग्लानि से मुक्ति पाने के लिए आत्मविश्वास बढ़ाना ज़रूरी है।

उदाहरण के लिए, अगर आप किसी प्रोजेक्ट में असफल हो गए हैं, तो आप निराश हो सकते हैं और सोच सकते हैं कि आप कुछ भी सही नहीं कर सकते। लेकिन अगर आप अपनी पिछली उपलब्धियों को याद करें और उन पर गर्व करें, तो आपका आत्मविश्वास बढ़ेगा और आप नई चुनौतियों का सामना करने के लिए तैयार होंगे।

ॐ **खुद का सम्मान करना:**

खुद का सम्मान करने का अर्थ है खुद को महत्वपूर्ण और योग्य समझना। यह आत्म-प्रेम का एक रूप है जो हमें आत्मग्लानि और नकारात्मक विचारों से बचाता है। जब हम खुद का सम्मान करते हैं, तो हम अपनी ज़रूरतों और भावनाओं का ख्याल रखते हैं और खुद के साथ सम्मान से पेश आते हैं।

उदाहरण के लिए, अगर किसी रिश्ते में आपका संबंधी आपका सम्मान नहीं करता है, तो आप खुद को दोषी मान सकते हैं और सोच सकते हैं कि आप इस बुरे व्यवहार के लायक हैं। लेकिन अगर आप खुद का सम्मान करते हैं, तो आप इस आत्मग्लानि से बाहर निकलने का साहस करेंगे और अपने लिए बेहतर जीवन की तलाश करेंगे।

आत्म-करुणा, आत्मविश्वास और आत्म-सम्मान तीनों ही आत्मग्लानि से मुक्ति पाने और एक स्वस्थ और संतुलित जीवन जीने के लिए ज़रूरी हैं। इन तीनों गुणों को विकसित करने के लिए हमें नियमित रूप से प्रयास करना होगा और खुद के प्रति सचेत रहना होगा।

यह याद रखना ज़रूरी है कि आत्मग्लानि से मुक्ति एक यात्रा है, कोई मंज़िल नहीं। इस यात्रा में समय लग सकता है, लेकिन सही दिशा में कदम बढ़ाते रहने से आप ज़रूर अपनी मंज़िल तक पहुँचेंगे। आत्मग्लानि एक स्वाभाविक भावना है: हम सभी गलतियाँ करते हैं, और गलतियों के बाद आत्मग्लानि महसूस करना एक स्वाभाविक मानवीय प्रतिक्रिया है। यह हमें अपनी गलतियों से सीखने और भविष्य में उन्हें दोहराने से बचने में मदद करती है। लेकिन, अगर हम इस आत्मग्लानि में ही फँसे रहें, तो यह हमें आगे बढ़ने से रोक सकती है और हमारे जीवन को नकारात्मक रूप से प्रभावित कर सकती है।

10. अपनों से या दूसरों से तुलना से पैदा हुआ आत्म संघर्ष

तुलना करना इंसान की फितरत है। मनोवैज्ञानिक दृष्टिकोण से, तुलना करना हमारी प्रवृत्ति का एक स्वाभाविक हिस्सा है। जैसे एक बच्चा दूसरे बच्चों को देखकर खेलना, बोलना या चलना सीखता है, वैसे ही हम बड़े होकर भी अपने आस-पास के लोगों से खुद की तुलना करते रहते हैं। यह तुलना हमें यह समझने में मदद करती है कि हम कहां खड़े हैं, और हमें सुधार करने के लिए क्या करना चाहिए।

लेकिन, आजकल तुलना करने की यह प्रवृत्ति एक जाल बनती जा रही है। आपको लग सकता है कि आपका दोस्त कितना/कितनी खुशकिस्मत है, और आपकी ज़िंदगी कितनी नीरस है। लेकिन हो सकता है कि उस दोस्त के जीवन में भी कई परेशानियां हों, जिनके बारे में वह नहीं बताता/बताती। इसे ही कहते हैं "घास हमेशा दूसरी तरफ हरी दिखती है" सिंड्रोम। जैसे हमें दूर से दूसरे खेत की घास ज़्यादा हरी लगती है, वैसे ही हमें दूसरों की ज़िंदगी भी ज़्यादा खुशहाल लगती है।

तुलना दो तरह की होती है:

⌘ ऊपर की ओर तुलना: जब हम खुद को उन लोगों से तुलना करते हैं जो हमसे "बेहतर" हैं - जिनके पास ज़्यादा पैसा है, या जो ज़्यादा सफल हैं। यह तुलना हमें हीन भावना दे सकती है, और हमें लग सकता है कि हम कुछ भी नहीं हैं। उदाहरण के लिए, अगर आप एक स्ट्रगलिंग आर्टिस्ट हैं, और आप खुद को एक मशहूर पेंटर से तुलना करते हैं, तो आपको निराशा और हताशा हो सकती है।

⌘ नीचे की ओर तुलना: जब हम खुद को उन लोगों से तुलना करते हैं जो हमसे "कमतर" हैं - जिनके पास हमसे कम पैसा है, या जो हमसे कम सफल हैं। यह तुलना हमें क्षणिक संतुष्टि दे सकती है, लेकिन यह हमें अहंकारी भी बना सकती है, और हमें दूसरों के दुखों के प्रति संवेदनशीलता खोने का कारण बन सकती है। उदाहरण के लिए, अगर

आपके पास एक अच्छी नौकरी है, और आप खुद को एक बेरोज़गार व्यक्ति से तुलना करते हैं, तो आप खुद को भाग्यशाली मान सकते हैं, लेकिन आप उस व्यक्ति की परेशानियों को समझने में असमर्थ हो सकते हैं।

याद रखें, तुलना एक ऐसा जाल है जिसमें फंसकर हम अपनी खुशी और शांति खो सकते हैं। इसलिए, यह ज़रूरी है कि हम इस जाल से बाहर निकलें, और खुद को दूसरों से तुलना करना बंद करें। यदि तुलना करना ही हो तो हमें खुद में अच्छे गुणों को धारण करने के प्रयास के लिए तुलना करनी चाहिए ना कि अपने मन की शांति को खोने के लिए। हमेशा याद रखें जो प्राप्त है उसी में संतुष्ट रहना और आगे अच्छे के लिए प्रयास करना ही खुशी दे सकता है।

अपनों से तुलना: जब घर ही रणभूमि बन जाए

हमारा परिवार, हमारे सबसे करीबी लोग, जहाँ हमें प्यार, समर्थन और सुरक्षा मिलनी चाहिए, वहीं कई बार यही तुलना का सबसे बड़ा अखाड़ा भी बन जाता है। यहाँ अपनों से तुलना, एक अदृश्य जंग की तरह, हमारे आत्मविश्वास को कुतरती रहती है और आत्म-संघर्ष को जन्म देती है।

पारिवारिक दबाव और अपेक्षाएं:

कल्पना कीजिए, आप एक ऐसे परिवार में पले-बढ़े हैं जहाँ आपके पिताजी एक सफल डॉक्टर हैं। बचपन से ही, आपने उन्हें मरीजों की सेवा करते, सम्मान पाते देखा है। अब, परिवार आपसे भी यही उम्मीद करता है कि आप भी डॉक्टर बनेंगे, उनकी विरासत को आगे बढ़ाएंगे। हो सकता है कि आपकी रुचि कला, संगीत या किसी और क्षेत्र में हो, लेकिन परिवार के दबाव में, आप अपनी इच्छाओं को दबा देते हैं और डॉक्टरी की पढ़ाई शुरू कर देते हैं। यहाँ, आप अपने सपनों को नहीं, बल्कि परिवार की अपेक्षाओं को जी रहे हैं। इससे मन में एक संघर्ष पैदा होता है, जो आपको अंदर ही अंदर खोखला करता जाता है।

भाई-बहनों के बीच प्रतिस्पर्धा:

अक्सर, माता-पिता अनजाने में ही अपने बच्चों की एक-दूसरे से तुलना करने लगते हैं। "देखो, तुम्हारा भाई कितना अच्छा पढ़ता है!", "तुम्हारी बहन कितनी आज्ञाकारी है!" ऐसे वाक्य, बच्चों के मन में प्रतिस्पर्धा की भावना पैदा करते हैं। मान लीजिए, आपके बड़े भाई

पढ़ाई में बहुत अच्छे हैं। हर परीक्षा में वे टॉप करते हैं, जबकि आपको पढ़ाई में उतनी रुचि नहीं है। आपकी रुचि खेल-कूद में है, लेकिन माता-पिता आपकी तुलना लगातार आपके भाई से करते रहते हैं। इससे आपके मन में हीन भावना पैदा होती है और आप खुद को कमतर समझने लगते हैं। यह आत्म-संघर्ष आपको अपनी क्षमताओं पर संदेह करने पर मजबूर कर सकता है।

रिश्तेदारों और दोस्तों के साथ तुलना:

त्योहारों या पारिवारिक समारोहों में, रिश्तेदारों का आपकी तुलना दूसरों से करना आम बात है। "अरे, तुम्हारी उम्र के तो सब इंजीनियर बन गए, तुम अभी तक क्या कर रहे हो?" या फिर "देखो, फ़लाने व्यक्ति ने इतनी तरक्की कर ली और तुम पीछे रह गए"। ऐसे सवाल, आपको असहज और शर्मिंदा महसूस करा सकते हैं। आपको लग सकता है कि आप दूसरों से पीछे रह गए हैं, आपकी ज़िंदगी उतनी सफल नहीं है। यह तुलना आपके आत्म-सम्मान को ठेस पहुँचा सकती है और आपको खुद से नाराज़ कर सकती है।

सामाजिक और सांस्कृतिक मानदंडों का प्रभाव:

हमारा समाज कुछ मानदंड तय करता है, जिनके आधार पर व्यक्ति की सफलता को मापा जाता है। उदाहरण के लिए, अच्छी नौकरी, बड़ा घर, महंगी गाड़ी, यात्रा आदि। अगर आप इन मानदंडों पर खरे नहीं उतरते, तो समाज आपको "असफल" घोषित कर सकता है। मान लीजिए, आप एक लेखक बनना चाहते हैं, लेकिन समाज इसे एक "स्थिर" कैरियर नहीं मानता। आपके परिवार और रिश्तेदार आप पर दबाव डालते हैं कि आप कोई "अच्छी" नौकरी करें। इससे आप मन ही मन एक संघर्ष से जूझते रहते हैं कि आप अपने सपनों का पीछा करें या समाज की अपेक्षाओं को पूरा करें।

दूसरों से तुलना:

हम इंसान हैं, सामाजिक प्राणी। दूसरों को देखकर, उनकी बातें सुनकर, खुद को उनके साथ तुलना करना हमारी फितरत में है। लेकिन कभी-कभी यही तुलना, ज़िंदगी को मुश्किल बना देती है, खासकर जब हम दूसरों से खुद को कम आंकने लगते हैं।

सहकर्मियों, मित्रों और परिचितों से तुलना

मान लीजिए, आप ऑफिस में हैं। आपने बहुत मेहनत से एक प्रोजेक्ट पूरा किया है, लेकिन आपके सहकर्मी को उससे भी बेहतर प्रोजेक्ट के लिए प्रमोशन मिल जाता है। ऐसे में खुद को उससे कमतर महसूस करना स्वाभाविक है। हो सकता है आप सोचें, "काश मैं भी उसके जैसा होता/होती!" या फिर आपके दोस्त ने नई गाड़ी खरीदी है, और आप अभी भी पुरानी गाड़ी चला रहे हैं। तब भी मन में तुलनात्मक विचार आ सकते हैं। शायद आपके मन में यह ख्याल आए कि "मेरे दोस्त के पास तो सब कुछ है, मैं ही पीछे रह गया/गई।" ज़रूरी नहीं है कि सहकर्मियों से आप ही तुलना करें। हो सकता है सहकर्मी आपसे अपनी तुलना करके आपसे भेदभावपूर्ण व्यवहार करे तो ये भी आपके लिए आत्मसंघर्ष का रूप ले लेता है।

आदर्श व्यक्तित्व और "परफेक्ट" जीवन की खोज

आजकल सोशल मीडिया का ज़माना है। इंस्टाग्राम, फेसबुक पर लोग अपनी "परफेक्ट" ज़िंदगी की तस्वीरें डालते हैं। खूबसूरत घर, महंगी गाड़ियां, यात्राएं... यह सब देखकर लगता है कि "वाह, इनकी ज़िंदगी तो कितनी शानदार है!" लेकिन यह सिर्फ सिक्के का एक पहलू है। हमें यह नहीं पता कि उनकी ज़िंदगी में क्या परेशानियां हैं, क्या दुख हैं। हम सिर्फ उनकी खुशियों को देखते हैं, और खुद को उनसे तुलना करके दुखी होने लगते हैं।

मीडिया द्वारा प्रस्तुत छवियों का प्रभाव

फिल्मों, टीवी सीरियल्स में भी अक्सर "आइडियल" इंसान और "परफेक्ट" ज़िंदगी दिखाई जाती है। हीरो-हीरोइन हमेशा खूबसूरत, अमीर और कामयाब होते हैं। उनकी ज़िंदगी में कोई समस्या नहीं होती। ऐसा देखकर हम भी वैसा ही बनना चाहते हैं, वैसी ही ज़िंदगी जीना चाहते हैं। लेकिन यह भूल जाते हैं कि यह सिर्फ एक बनावटी दुनिया है। असल ज़िंदगी में सुख-दुख, उतार-चढ़ाव सब आते हैं।

तुलना के जाल से मुक्ति:

ज़िंदगी एक रेस नहीं है, जहाँ हमें दूसरों से आगे निकलना है। यह एक सफ़र है, जो हमें खुद से होकर गुजरना है। तुलना का जाल हमें इस सफ़र का मज़ा लेने से रोकता है। यह हमें खुद

से दूर ले जाता है, और हमें दूसरों की नज़र से खुद को देखने पर मजबूर करता है। इससे हम अपनी खूबियों को भूल जाते हैं, और अपनी कमियों पर ही ध्यान देते रहते हैं।

आत्म-जागरूकता और स्वीकृति का महत्व: खुद को जानना, खुद को समझना, यही आत्म-जागरूकता है। अपनी खूबियों और कमियों को स्वीकार करना, यही आत्म-स्वीकृति है। जैसे, मान लीजिए आपको खाना बनाना बहुत पसंद है, लेकिन आप गणित में कमज़ोर हैं। तो आप एक बेहतरीन शेफ़ बन सकते हैं, लेकिन शायद एक अच्छे गणितज्ञ नहीं। यह जानना और मानना ही आत्म-जागरूकता और स्वीकृति है।

अपनी उपलब्धियों और क्षमताओं पर ध्यान केंद्रित करना: अक्सर हम अपनी नाकामियों पर ही ध्यान देते रहते हैं, और अपनी उपलब्धियों को भूल जाते हैं। जैसे, अगर आपने परीक्षा में 80% अंक प्राप्त किए, लेकिन एक विषय में कम अंक आए, तो आप उस एक विषय पर ही ध्यान देते रहेंगे, और 80% अंकों को भूल जाएंगे। यह गलत है। हमें अपनी उपलब्धियों पर गर्व करना चाहिए, और अपनी क्षमताओं को पहचानना चाहिए।

कृतज्ञता का अभ्यास: कृतज्ञता का मतलब है, जो हमारे पास है, उसके लिए शुक्रगुज़ार होना। जैसे, हमारे पास एक प्यारा परिवार है, अच्छे दोस्त हैं, खाना और रहने की जगह है, तो हमें इन सबके लिए शुक्रगुज़ार होना चाहिए। यह हमें तुलना के जाल से बचाता है, क्योंकि हम दूसरों के पास क्या है, इस पर ध्यान देने के बजाय, अपने पास क्या है, इस पर ध्यान देते हैं।

आत्म-करुणा और आत्म-प्रेम: जैसे हम अपने दोस्तों और परिवार वालों से प्यार करते हैं, वैसे ही खुद से भी प्यार करना ज़रूरी है। खुद की गलतियों को माफ़ करना, खुद को प्रोत्साहित करना, यह आत्म-करुणा और आत्म-प्रेम है। यह हमें तुलना के दुष्प्रभावों से बचाता है, क्योंकि हम खुद को दूसरों से कमतर नहीं समझते।

सकारात्मक आत्म-चर्चा और आत्म-पुष्टि: हमारे मन में जो विचार आते हैं, वह हमारे जीवन को प्रभावित करते हैं। अगर हम हमेशा खुद को नीचा दिखाते रहेंगे, तो हमारा आत्मविश्वास कम होगा। इसलिए, सकारात्मक आत्म-चर्चा और आत्म-पुष्टि ज़रूरी है। जैसे, "मैं काबिल हूँ", "मैं यह कर सकता हूँ", ऐसे विचारों को अपने मन में लाना चाहिए। सोशल मीडिया पर अक्सर लोग अपनी ज़िंदगी का सबसे अच्छा हिस्सा ही दिखाते हैं। इससे हमें लगता है कि सबकी ज़िंदगी हमसे बेहतर है। यह तुलना की भावना को बढ़ावा देता है।

जब दूसरे आसपास के लोग या सहकर्मी हमसे तुलना करके हमसे ईर्ष्यावश भेदभाव या व्यवहार करें तब उनसे आत्मविश्वास से निपटें:

यह एक आम समस्या है, खासकर आज की प्रतिस्पर्धी दुनिया में। जब लोग हमसे ईर्ष्या करते हैं, तो वे हमें नीचा दिखाने की कोशिश करते हैं, हमारी उपेक्षा करते हैं, या फिर हमारे साथ भेदभाव करते हैं। ऐसे में हमें निराश नहीं होना चाहिए, बल्कि हमें समझदारी और सकारात्मकता से काम लेना चाहिए।

सबसे पहले, हमें यह समझना होगा कि दूसरे व्यक्ति का व्यवहार उसकी अपनी असुरक्षा और कमियों को दर्शाता है। हो सकता है कि वह खुद को आपसे कमतर समझता हो, या फिर उसे डर हो कि आप उससे आगे निकल जाएंगे। इसलिए, हमें उसके व्यवहार को दिल से नहीं लेना चाहिए। दूसरे, हमें अपने आत्मविश्वास को मजबूत बनाना चाहिए। हमें अपनी ताकत और कामयाबियों पर ध्यान देना चाहिए। हमें याद रखना चाहिए कि हम खास हैं और हमारे पास बहुत कुछ है। हमें सकारात्मक रवैया अपनाना चाहिए। हमें नकारात्मक लोगों और स्थितियों से दूरी बनानी चाहिए। हमें अपने आसपास ऐसे लोगों को रखना चाहिए जो हमें सपोर्ट करते हैं और हमें प्रेरित करते हैं। हमें अपनी सीमाएं निर्धारित करनी चाहिए। हमें दूसरों को यह बताना चाहिए कि हम किस तरह का व्यवहार बर्दाश्त नहीं करेंगे। अगर कोई हमारे साथ भेदभाव करता है, तो हमें उसका विरोध करना चाहिए। अगर वो ज्यादा नुकसानदायक हरकतें ना करे तो हमें क्षमा भी करना सीखना चाहिए। ईर्ष्या और भेदभाव करने वाले लोग अक्सर खुद दुखी और असुरक्षित होते हैं। हमें उन्हें क्षमा कर देना चाहिए और आगे बढ़ जाना चाहिए।

उदाहरण के लिए, मान लीजिए कि आपके ऑफिस में एक सहकर्मी आपसे ईर्ष्या करता है। वह आपकी उपेक्षा करता है, और आपके काम में नुकसान पहुँचाने की कोशिश करता है। ऐसे में आप निराश न हों। अपने काम पर ध्यान दें, अपना बेस्ट दें, और सकारात्मक रहें। अपनी तरफ से कोई कमी नहीं छोड़नी चाहिए। याद रखें, वक्त बदलता रहता है। उसे उसके किए की सजा वक्त देगा, लेकिन अपने स्वाभिमान की रक्षा करना आपका फ़र्ज़ है। इसलिए उससे दूरी बनाकर रखना चाहिए और उससे सावधान रहना चाहिए।

अपनी राह खुद बनाएं : अपनी राह खुद बनाने का मतलब है, खुद को पहचानना, अपनी खूबियों और कमज़ोरियों को समझना। ये बिल्कुल वैसा ही है जैसे क्रिकेट टीम में हर खिलाड़ी का रोल अलग होता है। कोई अच्छा बल्लेबाज़ होता है, कोई अच्छा गेंदबाज़। कोई तेज़ दौड़ता

है, तो कोई शानदार कैच पकड़ता है। ठीक इसी तरह, आपकी भी कुछ खूबियां होंगी, कुछ कमज़ोरियां। मान लीजिए, आपको पढ़ाई में मन नहीं लगता, लेकिन आप लोगों से बात करने और उन्हें समझाने में माहिर हैं। हो सकता है कि आप एक बेहतरीन सेल्समैन बन सकें। या फिर, आपको नई-नई चीज़ें बनाना पसंद है, लेकिन आप बोर हो जाते हैं अगर आपको एक ही काम बार-बार करना पड़े। शायद आप एक अच्छे आर्टिस्ट या डिज़ाइनर बन सकते हैं। अपनी ताकत को पहचानिए और उसे निखारिए। अपनी कमज़ोरियों से घबराइए नहीं, बल्कि उन्हें सुधारने की कोशिश कीजिए।

आपके लिए ज़िंदगी में क्या ज़रूरी है? पैसा, शोहरत, रिश्ते, या कुछ और? आप ज़िंदगी से क्या चाहते हैं? एक बड़ा घर, एक अच्छी नौकरी, मनपसंद क्षेत्र में व्यवसाय, अच्छा इंसान बनना, दूसरों की मदद करना, दुनिया घूमना या कुछ और? ये सवाल आपको आपके मूल्यों और लक्ष्यों को समझने में मदद करेंगे। मान लीजिए, आपके लिए आपका परिवार सबसे ज़रूरी है। तो फिर, आप ऐसा काम नहीं करना चाहेंगे जिसमें आपको अपने परिवार से दूर रहना पड़े। या फिर, आप एक ऐसा इंसान बनना चाहते हैं जो दूसरों की मदद करे। तो फिर, आप ऐसा करियर चुन सकते हैं जिसमें आपको लोगों की सेवा करने का मौका मिले।

दुनिया में बहुत से लोग हैं जिन्होंने अपनी ज़िंदगी में बड़ी कामयाबी हासिल की है। उनसे प्रेरणा लीजिए, सीखिए, लेकिन उनकी नकल मत कीजिए। ये बिल्कुल वैसा ही है जैसे आप एक पेंटर की पेंटिंग से प्रेरणा ले सकते हैं, लेकिन आप उसकी पेंटिंग की हू-ब-हू नकल नहीं कर सकते। आपको अपनी खुद की पेंटिंग बनानी होगी, अपने खुद के अंदाज़ में। ज़िंदगी एक सफ़र है, मंज़िल नहीं। इस सफ़र का आनंद लीजिए। अपनी छोटी-छोटी खुशियों को सेलिब्रेट कीजिए। अपनी गलतियों से सीखिए। खुद से प्यार कीजिए। अपनी तारीफ़ कीजिए। खुद को माफ़ कीजिए। याद रखें, आप अनमोल हैं। आप दूसरों से अलग हैं, और यही आपकी खासियत है।

11. शक से पैदा हुआ आत्मसंघर्ष

शक एक ऐसा एहसास है जैसे मन में कोई "क्यों" और "क्या" लगातार सवाल उठा रहा हो। जैसे कोई कह दे "आज बारिश होगी", तो शक करेगा "क्या सचमुच होगी? कहीं धूप ही निकल आई तो?" यह किसी बात, किसी व्यक्ति या खुद पर भी हो सकता है। जैसे "क्या मैं यह काम कर पाऊँगा?", "क्या यह सच बोल रहा है?" या "क्या मेरा दोस्त वाकई मेरा भला चाहता है?" शक कई तरह से पैदा हो सकता है।

- **बचपन:** मान लीजिए, बचपन में आपने बार-बार यह सुना हो कि "तुमसे यह नहीं होगा", तो बड़े होने पर भी आपको खुद पर शक हो सकता है।
- **बुरे अनुभव:** अगर पहले कभी किसी काम में असफलता मिली हो, तो फिर से वही काम करने में शक होगा कि "कहीं फिर से गलती न हो जाए"।
- **दूसरों से तुलना:** जब हम खुद को दूसरों से कम आंकते हैं, तो शक पैदा होता है कि "क्या मैं उनकी तरह सफल हो पाऊँगा?"
- **हमेशा सही रहने की चाहत:** कुछ लोग हमेशा सही रहना चाहते हैं। ऐसे में कोई भी निर्णय लेने से पहले उन्हें शक होता है कि "कहीं गलत न हो जाए"।
- **किसी विश्वसनीय अपने द्वारा ऐसा किया जाना जो सामान्य ना हो या उसके कहने और करने में फर्क लगे:** कल्पना कीजिए कि आपका सबसे अच्छा दोस्त, जिस पर आप आँख बंद करके भरोसा करते हैं, अचानक आपसे कुछ ऐसा छुपाने लगे या आपसे अजीब तरह से पेश आने लगे। पहले वो आपके हर सुख-दुःख में साथ होता था, लेकिन अब वो अक्सर आपसे दूर रहता है और बातें भी घुमा-फिरा कर करता है। ऐसे में आपके मन में उसके प्रति शक पैदा होना स्वाभाविक है। आप सोचने लगेंगे कि क्या उसने कोई गलती की है? क्या उसके मन में आपके लिए कोई गलतफहमी है? इसी तरह, जब कोई अपना आपके साथ अपेक्षा के विपरीत व्यवहार करता है, तो आपके मन में शक के बीज पड़ जाते हैं। शक हमारे आत्मविश्वास को कमजोर कर देता है। जब हमें खुद पर या अपने निर्णयों पर भरोसा नहीं होता, तो हम हिचकिचाते हैं, पीछे हटते हैं और अवसरों को हाथ से

जाने देते हैं। शक हमारी निर्णय लेने की क्षमता को भी प्रभावित करता है। जब हमें किसी बात का यकीन नहीं होता, तो हम कोई भी निर्णय लेने से डरते हैं। इससे हम अक्सर मौके गंवा देते हैं या गलत रास्ते पर चल पड़ते हैं। शक हमारे अंदर एक तरह का संघर्ष पैदा कर देता है। एक तरफ हम कुछ करना चाहते हैं, तो दूसरी तरफ शक हमें रोकता है। यह आत्मसंघर्ष हमें मानसिक रूप से कमजोर बना सकता है और हमारी खुशी और सफलता में बाधा डाल सकता है। शक किसी भी उम्र में आत्मसंघर्ष पैदा कर सकता है, लेकिन यह खास तौर पर किशोरावस्था और युवावस्था में ज्यादा देखा जाता है। इस उम्र में बच्चे अपनी पहचान बनाने की कोशिश करते हैं और उन्हें कई तरह के निर्णय लेने पड़ते हैं, जैसे पढ़ाई, करियर और रिश्ते। इन निर्णयों को लेते समय उन्हें अक्सर शक होता है कि "क्या मैं सही कर रहा हूँ?" या "क्या यह मेरे लिए सही है?" यह शक उनके लिए आत्मसंघर्ष का कारण बन सकता है। अंजान लोगों पर शक करना स्वाभाविक है। हम उन्हें नहीं जानते, इसलिए हमें यह नहीं पता होता कि वे क्या सोचते हैं या क्या करेंगे। लेकिन कभी-कभी हम अपने जानने वालों पर भी शक करने लगते हैं। ऐसा तब होता है जब वे कुछ ऐसा करते हैं या कहते हैं जो हमें अजीब लगता है या जो हमारी उम्मीदों के खिलाफ होता है। यह शक रिश्तों को खराब कर सकता है और हमें अकेला कर सकता है। शक और आत्मसंघर्ष एक दूसरे से जुड़े हुए हैं। शक आत्मसंघर्ष को पैदा कर सकता है और आत्मसंघर्ष शक को बढ़ा सकता है। यह एक चक्र की तरह है जो हमें मानसिक और भावनात्मक रूप से कमजोर बना सकता है। इसलिए यह जरूरी है कि हम शक को समझें और उससे निपटने के तरीके सीखें।

शक के लक्षण: जब मन में घर कर जाए संदेह

निर्णय लेने में कठिनाई और अनिश्चितता:

- मान लीजिए आपको कोई नयी नौकरी का प्रस्ताव मिला है। नौकरी अच्छी है, वेतन भी अच्छा है, लेकिन आपको अपने शहर से दूर जाना होगा। अब आपके मन में तरह-तरह के सवाल उठने लगेंगे - क्या यह नौकरी मेरे लिए सही रहेगी? क्या मैं नए शहर में एडजस्ट कर पाऊँगा? क्या मुझे अपने परिवार और दोस्तों को छोड़कर जाना चाहिए? यहाँ शक आपको किसी भी निर्णय पर पहुँचने से रोक रहा है। आप हर पहलू के बारे में बार-बार सोचते रहेंगे, लेकिन किसी नतीजे पर नहीं पहुँच पाएंगे।

बार-बार आत्म-संदेह और नकारात्मक विचारः

- कभी-कभी आप किसी काम को करने से पहले ही सोचने लगते हैं कि "मैं ये नहीं कर पाऊँगा", "मैं इसमें फेल हो जाऊँगा", "मुझमें इतनी काबिलियत नहीं है"। ये नकारात्मक विचार आपके मन में शक पैदा करते हैं और आपकी क्षमताओं पर प्रश्नचिन्ह लगाते हैं। आप खुद को कम आंकने लगते हैं और अपनी कमजोरियों पर ही ध्यान केंद्रित करते हैं।)

दूसरों पर निर्भरता और अपनी क्षमताओं पर अविश्वासः

- जब आपको खुद पर भरोसा नहीं होता, तो आप हर छोटी-बड़ी बात के लिए दूसरों पर निर्भर हो जाते हैं। आप खुद से कोई फैसला नहीं ले पाते और दूसरों की राय पर ही चलते हैं। आपको लगता है कि आप अकेले कुछ नहीं कर सकते और आपको हमेशा किसी की मदद की जरूरत पड़ेगी।

अवसरों से बचाव और जोखिम लेने से डरः

- शक आपको नए अवसरों को अपनाने से रोकता है। आप किसी भी नए काम को करने से पहले ही डर जाते हैं और सोचते हैं कि "कहीं मैं इसमें असफल ना हो जाऊँ"। आप जोखिम लेने से बचते हैं और अपनी comfort zone से बाहर नहीं निकलना चाहते।

शक की प्रकृति और उसके विभिन्न रूप

- शक एक ऐसा एहसास है जो आपके मन में किसी बात, व्यक्ति या स्थिति के बारे में अनिश्चितता पैदा करता है। यह एक तरह का अविश्वास है जो आपको सही और गलत के बीच भ्रमित करता है। शक कई रूप ले सकता है - जैसे खुद पर शक, दूसरों पर शक, रिश्तों पर शक, भविष्य पर शक, आदि।

शक कैसे आत्मविश्वास और निर्णय लेने की क्षमता को प्रभावित करता है

- जब आप किसी बात को लेकर निश्चित नहीं होते, तो आपका आत्मविश्वास कमजोर होता जाता है। आप खुद पर भरोसा करना छोड़ देते हैं और हर चीज में नकारात्मक पहलू देखने लगते हैं। शक आपके निर्णय लेने की क्षमता को भी बुरी तरह प्रभावित करता है।

आप किसी भी निर्णय पर पहुँचने से पहले बहुत ज्यादा सोच-विचार करते हैं और अंत में कोई फैसला ही नहीं ले पाते।

शक और आत्मसंघर्ष के बीच गहरा संबंध

- ♣ शक आपके अंदर एक तरह का आत्मसंघर्ष पैदा करता है। आप अपने विचारों और भावनाओं में उलझ जाते हैं और खुद को समझ नहीं पाते। आप सही और गलत के बीच फँस जाते हैं और कोई रास्ता नहीं ढूँढ पाते। यह आत्मसंघर्ष आपके मानसिक स्वास्थ्य पर बुरा असर डालता है और आपको तनाव, चिंता और अवसाद की ओर ले जा सकता है।

शक पर विजय पाने के उपाय

- ॐ **संदेह के बादलों से बाहर निकलने का रास्ता:** अगर शक किसी दूसरे पर है तो उससे बात की जा सकती है और शक को दूर किया जा सकता है, या जिस बात पर शक है उस बात के बारे में प्रमाण इकट्ठे करके शक दूर किया जा सकता है, लेकिन यह ध्यान रहे शक में दूसरे को बिना प्रमाण के दोषी ठहराना बहुत गलत होता है मान लीजिए आपको अपने दोस्त के व्यवहार पर शक है। ऐसे में, उससे खुलकर बात करना सबसे अच्छा उपाय है। अपनी भावनाओं को स्पष्ट रूप से व्यक्त करें और उसकी बात ध्यान से सुनें। हो सकता है कि कोई गलतफहमी हो जो बातचीत से दूर हो जाए। या फिर, अगर आपको किसी घटना पर शक है, तो सच्चाई जानने के लिए जांच करें और तथ्य इकट्ठा करें। लेकिन याद रखें, बिना किसी ठोस प्रमाण के किसी पर इल्ज़ाम लगाना गलत है।
- ॐ **आत्म-जागरूकता और स्वीकृति का महत्व:**खुद को समझना, अपनी कमजोरियों और खूबियों को जानना बहुत जरूरी है। जब आप खुद को अच्छी तरह से जानते हैं, तो आप अपने शक के कारणों को भी समझ पाते हैं। अपनी भावनाओं को स्वीकार करें और खुद को दोष न दें।
- ॐ **सकारात्मक आत्म-चर्चा और आत्म-विश्वास का निर्माण:**अपने मन में नकारात्मक विचारों को आने से रोकें और खुद से सकारात्मक बातें करें। खुद को प्रेरित करें और अपनी क्षमताओं पर विश्वास रखें। याद रखें, आप जितना सोचते हैं उससे कहीं ज्यादा मजबूत हैं।)

- ॐ **छोटे-छोटे लक्ष्य निर्धारित करना और सफलता का अनुभव करना:** बड़े लक्ष्यों को छोटे-छोटे हिस्सों में बाँट लें। जब आप छोटे लक्ष्य हासिल करते हैं, तो आपका आत्मविश्वास बढ़ता है और शक कम होता है। हर छोटी जीत आपको आगे बढ़ने के लिए प्रेरित करती है।)
- ॐ **असफलताओं को सीखने के अवसर के रूप में देखना:** जीवन में कभी-कभी असफलता मिलना स्वाभाविक है। असफलताओं से घबराएँ नहीं, बल्कि उन्हें सीखने का एक मौका समझें। अपनी गलतियों से सीखें और आगे बढ़ें।)
- ॐ **आवश्यकता पड़ने पर मदद लेना और समर्थन प्रणाली का निर्माण करना:** अगर आप अपने शक पर काबू नहीं पा रहे हैं, तो किसी विश्वसनीय व्यक्ति या मनोवैज्ञानिक से मदद लेने में संकोच न करें। अपने परिवार और दोस्तों से बात करें और उनका समर्थन लें। आजकल शक को control करने के लिए medicines भी उपलब्ध हैं जो एक psychiatrist से सलाह पर ली जा सकती हैं)

शक एक सामान्य मानवीय भावना है, लेकिन इसे नियंत्रित करना संभव है। जिस तरह खुशी, ग़म, क्रोध स्वाभाविक हैं, उसी तरह शक भी एक सामान्य मानवीय भावना है। ठीक वैसे ही जैसे बारिश होना प्राकृतिक है, पर हम छाता लेकर भीगने से बच सकते हैं। शक भी जीवन का एक हिस्सा है, पर इसका मतलब यह नहीं कि हम इसके आगे बेबस हैं। इसे नियंत्रित करना संभव है। आत्म-विश्वास और सकारात्मक सोच के माध्यम से शक पर विजय प्राप्त की जा सकती है। जैसे एक माली अपने बगीचे से खरपतवार हटाकर सुंदर फूल उगाता है, वैसे ही हमें भी अपने मन से नकारात्मक विचारों को हटाकर आत्मविश्वास और सकारात्मकता के बीज बोने होंगे। खुद पर भरोसा और अच्छे परिणामों की उम्मीद ही शक को दूर भगा सकती है।

12: शारीरिक बीमारी या शारीरिक बदलाव से पैदा हुए बीमारी

स्वरूप भाव के दौरान पैदा हुआ आत्म संघर्ष

ज़िंदगी में कभी खुशी, कभी गम, कभी तंदुरुस्ती तो कभी बीमारी आती है। जब हम बीमार पड़ते हैं या शरीर में कोई बदलाव आता है जो हमें बीमार जैसा महसूस कराता है, तो हमारे मन में एक अजीब सी लड़ाई शुरू हो जाती है। यह लड़ाई खुद से होती है, अपनी कमजोरी से, अपनी लाचारी से, तो हमारा मन भी कमजोर पड़ने लगता है। सिर्फ शारीरिक बीमारी ही नहीं, बल्कि शरीर में होने वाले छोटे-बड़े बदलाव भी हमारे मन और भावनाओं को प्रभावित करते हैं। हमें डर लगता है, चिंता होती है, उदासी छा जाती है, और हम खुद को लाचार महसूस करने लगते हैं। यह आत्म संघर्ष की शुरुआत होती है।

बीमारी या शारीरिक बदलाव से पैदा हुए बीमारी स्वरूप भाव का मानसिक और भावनात्मक प्रभाव

- **किशोरावस्था:** यह उम्र शरीर में तेज़ी से बदलाव लाती है। लड़कों में दाढ़ी-मूंछ आना, आवाज़ का भारी होना, लड़कियों में मासिक धर्म शुरू होना, शरीर में बदलाव आना, ये सब उन्हें कई बार अजीब और शर्मिंदा महसूस करा सकते हैं। जैसे- मेरा बेटा जब किशोरावस्था में था, तो उसे अपने चेहरे पर आने वाले मुहांसों की वजह से बहुत परेशानी होती थी। वह घर से बाहर निकलने में भी हिचकिचाता था।
- **महिलाओं में एक उम्र के बाद:** महिलाओं में एक उम्र के बाद मासिक धर्म बंद हो जाता है, जिसे रजोनिवृत्ति कहते हैं। इस दौरान शरीर में हार्मोनल बदलाव होते हैं, जिससे उन्हें चिड़चिड़ापन, गरमी लगना, मन में उदासी जैसे भाव महसूस हो सकते हैं। जैसे- मेरी चाची जी को रजोनिवृत्ति (Menopause) के

दौरान बहुत समस्या हुई थी। उन्हें अक्सर गुस्सा आता था, नींद नहीं आती थी और थकान महसूस होती थी।

ϒ **पुरुषों में हार्मोनल बदलाव:** पुरुषों में भी उम्र के साथ हार्मोनल बदलाव होते हैं, जिनका असर उनके मानसिक और शारीरिक स्वास्थ्य पर पड़ता है। उन्हें थकान, कमज़ोरी, याददाश्त कम होना, मन में उदासी जैसी समस्याएं हो सकती हैं। जैसे- पचास की उम्र के बाद से ही थकान और कमज़ोरी महसूस होने लगे और कोई अन्य बीमारी ना हो तो डॉक्टर यही मानते हैं यह उनके शरीर में हो रहे हार्मोनल बदलाव की वजह से है।

शारीरिक बदलाव से पैदा हुए बीमारी स्वरूप भाव के प्रभाव : इस दौरान अनेक नकारात्मक भाव हमारे मन में आते हैं जिनमें से कुछ इस प्रकार हो सकते हैं:

- "कहीं यह बीमारी गंभीर तो नहीं हो जाएगी?" यह सवाल बार-बार मन में आता रहता है।
- "क्या मैं पहले जैसा/जैसी स्वस्थ हो पाऊँगा/पाऊँगी?" यह सोचकर मन बेचैन रहता है।
- "अब मैं अपने काम कैसे करूँगा/करूँगी?" यह चिंता सताती रहती है।
- "मैं अपने परिवार पर बोझ तो नहीं बन गया/गई हूँ?" यह सोचकर मन में दुख होता है।
- बीमारी की वजह से मन उदास और चिड़चिड़ा रहता है।
- छोटी-छोटी बातों पर गुस्सा आने लगता है।
- अकेलापन और असहाय महसूस होता है।
- भविष्य को लेकर नकारात्मक विचार आने लगते हैं।
- खुद पर तरस आने लगता है।
- नींद न आने की समस्या हो सकती है।

बीमारी स्वरूप बदलावों या शारीरिक बीमारी के कारण आत्म संघर्ष: इस दौरान अनेक ऐसे नकारात्मक विचार आते हैं जो यह दर्शाते हैं कि हमारे मन

में उथल-पुथल है अर्थात हम आत्म संघर्ष से जूझ रहे हैं। हर उम्र के कुछ ऐसे विचारों के उदाहरण निम्न हो सकते हैं:

किशोरावस्था (Adolescents)

- **खेलकूद में पीछे रह जाना:** "पहले मैं क्रिकेट टीम का सबसे तेज़ धावक था, लेकिन अब मुझे साँस फूलने लगती है और मैं दौड़ नहीं पाता।"
- **दोस्तों के साथ घूमना-फिरना मुश्किल होना:** "मेरे दोस्त सब घूमने जा रहे हैं, लेकिन मुझे डॉक्टर ने आराम करने को कहा है। मैं उनके साथ नहीं जा पा रहा/रही हूँ।"
- **स्कूल न जा पाना:** "मुझे स्कूल जाना बहुत पसंद है, लेकिन इस बीमारी की वजह से मैं नहीं जा पा रहा/रही हूँ। मुझे अपनी पढ़ाई का बहुत नुकसान हो रहा है।"
- **शारीरिक बदलाव के कारण शर्मिंदगी:** "मेरे चेहरे पर मुहाँसे हो गए हैं और मैं किसी से मिलने में भी हिचकिचाता/हिचकिचाती हूँ।"
- **घर के कामों में मदद न कर पाना:** "मैं अपनी माँ की घर के कामों में मदद करना चाहता/चाहती हूँ, लेकिन मेरी तबीयत ठीक नहीं रहती।"

महिलाएं (Women)

- **घर का काम न कर पाना:** "पहले मैं पूरा घर अकेले सँभालती थी, लेकिन अब मुझे बर्तन धोने में भी तकलीफ़ होती है।"
- **बच्चों की देखभाल न कर पाना:** "मेरे बच्चे छोटे हैं और उन्हें मेरी ज़रूरत है, लेकिन मैं उनकी देखभाल नहीं कर पा रही हूँ।"
- **ऑफिस न जा पाना:** "मुझे अपना काम बहुत पसंद है, लेकिन इस बीमारी ने मुझे घर पर बैठने पर मजबूर कर दिया है।"
- **शारीरिक बदलाव के कारण चिंता:** "रजोनिवृत्ति के बाद से मेरे शरीर में कई बदलाव आ रहे हैं। मुझे चिंता होती है कि कहीं मुझे कोई गंभीर बीमारी तो नहीं हो गई।"

- **सामाजिक जीवन प्रभावित होना:** "पहले मैं अपनी सहेलियों के साथ अक्सर बाहर जाती थी, लेकिन अब मुझे बाहर जाने में भी थकान होती है।"

पुरुष (Men)

- **परिवार का पालन-पोषण न कर पाना:** "मैं अपने परिवार की ज़रूरतें पूरी नहीं कर पा रहा हूँ। यह सोचकर मुझे बहुत दुख होता है।"
- **शारीरिक काम न कर पाना:** "पहले मैं खेत में काम करता था या फिर मज़दूरी करता था, लेकिन अब मेरा शरीर साथ नहीं दे रहा है।"
- **मर्दानगी पर सवाल:** "इस बीमारी ने मुझे कमज़ोर बना दिया है। मुझे लगता है कि मैं अब पहले जैसा मज़बूत नहीं रहा।"
- **अपने शौक पूरे न कर पाना:** "मुझे क्रिकेट खेलना बहुत पसंद है, लेकिन अब मैं दौड़ भी नहीं सकता।"
- **ड्राइविंग न कर पाना:** "पहले मैं खुद गाड़ी चलाता था, लेकिन अब मुझे किसी और पर निर्भर रहना पड़ता है।"

बीमारी के दौरान या शारीरिक बदलाव से पैदा हुए बीमारी स्वरूप भाव में सकारात्मक रहना

बीमारी या शरीर में हो रहे बदलावों के दौरान मन में नकारात्मक विचार आना स्वाभाविक है। लेकिन ऐसे समय में सकारात्मक रहना बहुत ज़रूरी है। यह आसान नहीं होता, लेकिन कुछ बातों का ध्यान रखकर हम खुद को हिम्मत दे सकते हैं।

किशोरावस्था:

- **यह समझें कि यह एक स्वाभाविक दौर है:** शरीर में हो रहे बदलाव आपको अजीब लग सकते हैं, लेकिन यह एक स्वाभाविक प्रक्रिया है। हर कोई इस दौर से गुज़रता है।
- **अपनी तुलना दूसरों से न करें:** हर व्यक्ति अलग होता है। अपनी तुलना दूसरों से करके खुद को कम न समझें।

ॐ **अपने शौक पूरे करें:** संगीत, खेल, पेंटिंग, जो भी आपको पसंद हो, उसमें समय बिताएँ। इससे आपका मन प्रसन्न रहेगा।

ॐ **दोस्तों से बात करें:** अपने मन की बात दोस्तों से साझा करें। उनकी बातें आपको बेहतर महसूस कराएँगी।

ॐ **अपने आप को समय दें:** यह समझें कि यह दौर भी बीत जाएगा। खुद को समय दें और सकारात्मक रहें।

महिलाओं के लिए:

ॐ **यह जान लें कि आप अकेली नहीं हैं:** रजोनिवृत्ति हर महिला के जीवन का एक हिस्सा है। आप इस दौर से गुज़रने वाली अकेली नहीं हैं।

ॐ **अपने शरीर का ख्याल रखें:** स्वस्थ खाना खाएं, नियमित रूप से व्यायाम करें और पर्याप्त नींद लें।

ॐ **नई चीज़ें सीखें:** यह समय अपने शौक पूरे करने और नई चीज़ें सीखने का है।

ॐ **अपने परिवार में जो महिला आपको अच्छे से समझती है उससे बात करें:** अपने मन की बात अपने साथी/सहेली से ज़रूर करें उनका समर्थन आपके लिए बहुत ज़रूरी है।

ॐ **ज़रूरत पड़ने पर डॉक्टर से सलाह लें:** अगर आपको ज़्यादा परेशानी हो रही है, तो डॉक्टर से सलाह ज़रूर लें।

पुरुषों के लिए:

ॐ **उम्र के साथ होने वाले बदलावों को स्वीकार करें:** यह समझें कि उम्र के साथ शरीर में बदलाव आना स्वाभाविक है।

ॐ **अपनी सेहत का ख्याल रखें:** नियमित रूप से व्यायाम करें, स्वस्थ खाना खाएं और अपना वज़न नियंत्रण में रखें।

ॐ **तनाव मुक्त रहें:** योग, ध्यान या प्राणायाम करें। अपने शौक पूरे करें और दोस्तों के साथ समय बिताएँ।

ॐ **अपने परिवार के साथ समय बिताएँ:** अपने बच्चों और पत्नी के साथ खेलें, बातें करें और घूमें-फिरें।

ॐ **ज़रूरत पड़ने पर डॉक्टर से सलाह लें:** अगर आपको कोई शारीरिक या मानसिक समस्या हो रही है, तो डॉक्टर से सलाह ज़रूर लें।

बीमारी के दौरान या शारीरिक बदलाव से पैदा हुए बीमारी स्वरूप भाव में अपनों का सहारा और प्रेम का महत्व

जब हम बीमार होते हैं या शरीर में कोई बड़ा बदलाव आता है, तो ऐसा लगता है जैसे पूरी दुनिया बदल गई हो। हम कमज़ोर महसूस करते हैं, मन उदास रहता है, और कई बार तो जीने की उम्मीद भी खो बैठते हैं। ऐसे मुश्किल समय में अपनों का साथ, उनका प्यार और सहारा, अंधेरे में रौशनी की किरण की तरह होता है। यह वही प्यार है जो हमें हिम्मत देता है, हमें बताता है कि हम अकेले नहीं हैं। यह वही सहारा है जो हमें गिरने नहीं देता, हमें फिर से उठकर खड़े होने की ताकत देता है। इसलिए, अगर आपका कोई अपना बीमार है या किसी शारीरिक बदलाव से गुज़र रहा है, तो उसे अपना प्यार और सहारा ज़रूर दें। उसके पास रहें, उसकी बातें सुनें, और उसे यह एहसास दिलाएं कि वो अकेला नहीं है। आपका यह छोटा सा प्रयास उसके लिए बहुत बड़ा सहारा बन सकता है।

बीमारी के दौरान या शारीरिक बदलाव से पैदा हुए बीमारी स्वरूप भाव में मन को शांत रखना और आंतरिक शक्ति

जब शरीर बीमार होता है या फिर उम्र के साथ, हार्मोन्स के कारण, या किसी और वजह से शरीर में बदलाव आते हैं, तो मन अशांत होना स्वाभाविक है। चिंता, डर, निराशा, ये सब भाव मन में उठते हैं। ऐसे में खुद को संभालना, मन को शांत रखना बहुत ज़रूरी होता है। यह आसान नहीं होता, लेकिन नामुमकिन भी नहीं। इसके लिए ज़रूरी है कि हम अपनी आंतरिक शक्ति को पहचानें, उसे जगाएँ।

मन को शांत रखने के कुछ तरीके:

⌘ **ध्यान और योग:** ध्यान लगाने से मन शांत होता है, एकाग्रता बढ़ती है। योग करने से शरीर स्वस्थ रहता है और मन में सकारात्मकता आती है।

⌘ **प्राणायाम:** प्राणायाम करने से मन शांत होता है और तनाव कम होता है।

⌘ **संगीत:** अच्छा संगीत सुनने से मन प्रसन्न रहता है और नकारात्मक विचार दूर होते हैं।

⌘ **किताबें पढ़ना:** किताबें पढ़ने से मन में नए विचार आते हैं और ज्ञान बढ़ता है।

⌘ **प्रकृति के करीब रहना:** प्रकृति के बीच समय बिताने से मन को शांति मिलती है और तनाव कम होता है।

आंतरिक शक्ति को पहचानना और जगाना:

⌘ **आत्मविश्वास:** खुद पर विश्वास रखें कि आप इस मुश्किल समय से बाहर निकल सकते हैं।

⌘ **धैर्य:** धैर्य रखें और उम्मीद न खोएँ। समय के साथ सब ठीक हो जाएगा।

⌘ **सकारात्मक सोच:** नकारात्मक विचारों को मन में न आने दें। सकारात्मक रहें और अच्छे भविष्य के बारे में सोचें।

⌘ **आभार व्यक्त करें:** जिन चीज़ों के लिए आप आभारी हैं, उनके बारे में सोचें। इससे आपका मन सकारात्मक रहेगा।

⌘ **अपनी तुलना दूसरों से न करें:** हर व्यक्ति अलग होता है। अपनी तुलना दूसरों से करने से आपको दुख ही होगा।

याद रखें, आप अकेले नहीं हैं। आपके परिवार, दोस्त और डॉक्टर आपके साथ हैं। अपनी आंतरिक शक्ति को पहचानें और इस मुश्किल समय का डटकर सामना करें। ऐसे बच्चों, महिलाओं और पुरुषों की सच्ची कहानियां हमें प्रेरित करती हैं कि बीमारी या शारीरिक बदलाव के दौरान, बीमारी स्वरूप भाव के दौरान पैदा हुए आत्म संघर्ष को कैसे उन्होंने संभाला और जीवन में आगे बढ़े। कुछ सच्ची कहानियों के अंश इस प्रकार हैं :

1. **कहानी: उत्साह और विश्वास की बागवानी**

एक छोटे से गांव में, एक लड़का था जिसका नाम अजय था। अजय को बागवानी का बहुत शौक था। वह अपने दादा जी के साथ मिलकर बाग में पौधे लगाता, उन्हें सींचता और उनकी देखभाल करता। बाग में खिलते हुए फूलों और फल-फूलों को देखकर वह हमेशा खुश रहता था। लेकिन एक दिन वह बीमार पड़ गया। अजय को तेज बुखार हुआ और उसकी तबीयत दिन-ब-दिन बिगड़ने लगी। उसके माता-पिता बहुत चिंतित थे। डॉक्टर ने कहा कि अजय को इलाज की जरूरत है और उसे कुछ समय के लिए बेड रेस्ट करना होगा। अजय की सेहत इतनी खराब थी कि उसके बाग की याद उसे और भी उदास कर देती थी। लेकिन अजय ने हार नहीं मानी। उसने सोचा, "अगर मैं अपने बाग की देखभाल नहीं कर सकता, तो कम से कम मैं उसकी कल्पना कर सकता हूँ।" उसने अपने मन में अपने बाग की तस्वीर बनानी शुरू की। उसने सोचा कि कैसे वो रोज अपने पौधों को पानी देता, उन्हें खाद डालता और उनके साथ खेलता। उसने यह भी सोचा कि जब वह ठीक हो जाएगा, तो वह अपने बाग को और भी खूबसूरत बनाएगा। अजय ने सकारात्मक सोच के साथ हर दिन अपनी बीमारी से लड़ाई की। उसने सोचा कि जब वह ठीक होगा, तो वह बाग में नए पौधे लगाएगा, और उन पौधों की देखभाल करने के लिए उसे मजबूत होना होगा। उसने अपने दिमाग में सकारात्मक विचारों को जगह दी और नकारात्मकता को बाहर निकाल दिया। धीरे-धीरे, अजय की सेहत में सुधार आने लगा। उसकी बीमारी कम होने लगी और उसके चेहरे पर एक नई चमक दिखाई देने लगी। उसने हर दिन कुछ नया करने की योजना बनाई। उसने अपने माता-पिता से कहा, "जब मैं ठीक हो जाऊंगा, तो हम बाग में एक बड़ा टीला बनाएंगे और वहां रंग-बिरंगे फूल लगाएंगे।" आखिरकार, अजय पूरी तरह से ठीक हो गया। उसकी मेहनत और सकारात्मक सोच ने उसे बीमारी से उबरने में मदद की। जब उसने अपने बाग में नया पौधा लगाया, तो उसे अपने भीतर नयी ऊर्जा का अहसास हुआ। बाग में हरियाली और फूलों की खुशबू ने उसके मन को राहत दी। अजय ने समझा कि जीवन में कठिनाइयां आती हैं, लेकिन अगर हम अपने मन में सकारात्मकता और आत्मविश्वास रखकर आगे बढ़ते हैं, तो हम किसी भी परिस्थिति का सामना कर सकते हैं। इस तरह, अजय ने अपनी

बीमारी से लड़ाई की और अपने बागवानी के शौक को फिर से जिंदा किया। उसने साबित कर दिया कि सकारात्मक सोच और आत्मविश्वास से हम किसी भी मुश्किल को पार कर सकते हैं।

2. कहानी: नयी शुरुआत

राधिका एक 42 साल की महिला थी, जो हमेशा जीवन को उत्साह और उमंग के साथ जीती थी। उसकी जिंदगी में कई उतार-चढ़ाव आए, लेकिन उसने कभी हार नहीं मानी। हाल ही में, उसने एक बहुत बड़े बदलाव का सामना करना शुरू किया - menopause। वह जानती थी कि यह एक प्राकृतिक प्रक्रिया है, लेकिन फिर भी कई शारीरिक और मानसिक बदलावों से गुजरना आसान नहीं था।

पहला संकेत

सबसे पहले उसे असामान्य रूप से गर्मी के एहसास का सामना करना पड़ा। एक दिन, जब वह अपने बच्चों के लिए खाना बना रही थी, अचानक उसे ऐसा लगा जैसे उसके शरीर का तापमान बढ़ गया हो। पसीना उसकी पीठ पर बहने लगा। उसने इसे एक सामान्य बात समझ कर नजरअंदाज किया, लेकिन धीरे-धीरे यह स्थिति निरंतर होने लगी। फिर आईं अनियमित माहवारी, कभी-कभी अत्यधिक भारी रक्तस्राव और कभी-कभी बिलकुल गायब होना।

मानसिक उतार-चढ़ाव

इसके अलावा, राधिका को मानसिक उतार-चढ़ाव का भी सामना करना पड़ा। छोटी-छोटी बातों पर मन उदास हो जाता और कभी-कभी वह चिड़चिड़ी हो जाती। वह सोचने लगी कि कहीं उसकी उम्र बढ़ने के साथ उसकी आकर्षण शक्ति भी कम हो रही है। उसकी नींद भी प्रभावित हुई, और रात का एक बड़ा हिस्सा वह करवट बदलने में बिता देती थी।

साहसिक संघर्ष

लेकिन राधिका ने हार नहीं मानी। उसने यह फैसला किया कि उसे अपने स्वास्थ्य का ध्यान रखने की जरूरत है। उसने एक जर्नल शुरू किया, जिसमें उसने अपने

अनुभवों को लिखा। उसने अपने खान-पान में बदलाव किया - पहले जैसी तली-भुनी चीज़ों से दूर रहने लगी और हरी सब्जियाँ, फल और जूस का सेवन करने लगी।

वह नियमित व्यायाम करने लगी। सुबह की सैर पर निकलना, योग करना और ध्यान में समय बिताना उसकी दिनचर्या का हिस्सा बन गया। इसने न केवल उसके शरीर को बल्कि उसके मन को भी सशक्त किया। राधिका ने अपनी दोस्ती भी मजबूत की और अपने कुछ दोस्तों के साथ मिलकर एक नारी मंडल बनाया, जहाँ वे अपने अनुभव शेयर करती और एक-दूसरे को प्रेरित करती थीं।

आत्म-स्वीकृति और नयी पहचान

कुछ महीनों बाद, राधिका ने महसूस किया कि उसने अपनी पहचान को फिर से खोज लिया है। उसने सीखा कि ये सभी परिवर्तन उसके अस्तित्व का हिस्सा हैं और उसने इसे स्वीकार कर लिया। वह अब पहले से ज्यादा आत्मविश्वास महसूस कर रही थी। उसने अपने बालों को काटकर एक नया लुक अपनाया और एक नई पेंटिंग क्लास में शामिल हुई।

राधिका ने देखा कि उसने न केवल अपने शरीर के बदलावों को सहा, बल्कि उसे अपने अंदर की शक्ति को पहचानने का भी अवसर मिला। उसने अपनी कहानी को दूसरों के साथ साझा किया, ताकि अन्य महिलाएं भी इस संघर्ष में अकेला न महसूस करें।

आखिर में, राधिका ने साबित कर दिया कि जीवन में हर बदलाव एक नए अध्याय की शुरुआत होती है। उसने न सिर्फ menopause के बदलावों का सामना किया, बल्कि उसे एक नई पहचान भी मिली। अब वह दूसरों को प्रेरित करने वाली एक सशक्त महिला बन चुकी थी। राधिका ने समझा कि वह बदलाव जीवन का हिस्सा हैं, और जिस तरह उसने इन्हें अपनाया, वैसा ही हर महिला कर सकती है।

इस तरह, राधिका ने अपने संघर्ष को एक नई कहानी में बदल दिया, जो न केवल उसकी बल्कि हर महिला की यात्रा का प्रतीक बन गई।

13. अपेक्षाओं से पैदा हुआ आत्मसंघर्ष

ये जो आत्मसंघर्ष है ना, वो मन के अंदर का एक युद्ध है। और ये लड़ाई अक्सर तभी शुरू होती है जब हम खुद से, या दूसरों से, बहुत ज़्यादा उम्मीदें लगा लेते हैं।

मान लीजिए, आप एक छात्र हैं। आपके parents चाहते हैं कि आप हमेशा अच्छा करें, आपके शिक्षक चाहते हैं कि आप हर विषय में अच्छे हों, और आप खुद भी सोचते हैं कि आपको आगे रहना है। अब इतनी सारी उम्मीदों का बोझ आपके ऊपर है। अगर आप इन उम्मीदों पर खरे नहीं उतर पाते, तो आपको लगने लगता है कि आप नाकामयाब हैं, आपमें कोई कमी है। यहीं से शुरू होता है आत्मसंघर्ष। आप खुद को कोसने लगते हैं, खुद से नाराज़ होने लगते हैं। ऐसे ही, अगर आप अगर आप किसी भी व्यवसाय में हैं तो आपसे बहुत अच्छा काम करने की उम्मीद की जाती है, आपका परिवार चाहता है कि आपको खूब तरक्की मिले, चाहे पढ़ाई में हो चाहे व्यवसाय में हो, हर क्षेत्र में उम्मीदें लगी होती हैं। अगर ये सब नहीं होता, तो आप आत्मसंघर्ष में फँस जाते हैं। या फिर, रिश्तों में भी ऐसा ही होता है। आप अपने साथी से बहुत ज़्यादा उम्मीदें रखते हैं की वो आपकी हर बात माने, हर बात में आपका समर्थन करे। लेकिन जब वो ऐसा नहीं कर पाते, तो आपको निराशा होती है, और आप खुद से ही लड़ने लगते हैं। तो कहने का मतलब ये है कि जब हम खुद पर, या दूसरों पर, बहुत ज़्यादा उम्मीदों का बोझ डाल देते हैं, और सभी उम्मीदों का पूरा होना स्वाभाविक रूप से संभव भी नहीं है, तो हम एक तरह के आत्मसंघर्ष में फँस जाते हैं। ये संघर्ष हमें अंदर ही अंदर खाए जाता है, और हमें खुश रहने से रोकता है।

सोचो, सोचो, एक कछुए को चीते से तेज़ दौड़ने की उम्मीद की जाए तो क्या होगा? बेचारा कछुआ कितना भी ज़ोर लगा ले, वो चीते से तेज़ नहीं दौड़ सकता। या फिर एक तोते से बाज़ जैसी तेज़ नज़र रखने की उम्मीद की जाए? हर जीव अपने आप में खास है, उसकी अपनी क्षमताएं हैं। यही बात इंसानों पर भी लागू होती है। जब हम खुद से या दूसरों से अवास्तविक अपेक्षाएँ रखते हैं, तो हम उन्हें उनकी प्राकृतिक क्षमताओं से ज़्यादा करने के लिए मजबूर करते हैं, जो कि नामुमकिन है। कभी-कभी जाने-अनजाने हम खुद पर या दूसरों पर एक ऐसा ही

बोझ लाद लेते हैं जो उठाना ही मुश्किल होता है। जैसे, परीक्षा में हमेशा अच्छी position पर ही आना, हर काम में हमेशा perfect रहना, या फिर अपने बच्चों से उम्मीद करना कि वे हमेशा best position ही प्राप्त करें। ये अपेक्षाएँ अक्सर हमारी क्षमता और हालात से मेल नहीं खातीं और हमें तनाव और निराशा में ढकेल देती हैं।

ज़िंदगी हमेशा हमारी मरज़ी से नहीं चलती। हम सोचते कुछ हैं और होता कुछ और है। जैसे, हम सोचते हैं कि शादी के बाद ज़िंदगी एक खूबसूरत सपने जैसी होगी, लेकिन वास्तविकता में उसमें अपनी चुनौतियाँ और समस्याएँ होती हैं। अपेक्षाओं और वास्तविकता का यह अंतर हमें अंदर ही अंदर तोड़ने लगता है और आत्मसंघर्ष को जन्म देता है।जब हम खुद को वैसे नहीं स्वीकार कर पाते जैसे हम हैं, तो हम हमेशा खुद में कोई न कोई कमी निकालते रहते हैं। हम सोचते हैं कि काश हम ज़्यादा खूबसूरत, ज़्यादा अमीर, या ज़्यादा होशियार होते। यह आत्म-स्वीकृति का अभाव हमें आत्मविश्वास से वंचित करता है और हमें आत्मसंघर्ष के चक्रव्यूह में फँसा देता है।

कुछ लोग हर काम में पूर्णता की तलाश में रहते हैं। उन्हें लगता है कि हर चीज़ एकदम परफेक्ट होनी चाहिए। यह पूर्णतावाद उन्हें कभी संतुष्ट नहीं होने देता और वे हमेशा बेचैनी और तनाव में रहते हैं। यह भी आत्मसंघर्ष का एक बड़ा कारण है।कुल मिलाकर, अवास्तविक अपेक्षाएँ, अपेक्षाओं और वास्तविकता के बीच का अंतर, आत्म-स्वीकृति का अभाव, और पूर्णतावाद, ये सभी आत्मसंघर्ष की आग में घी का काम करते हैं।

अपेक्षाओं से उपजा यह ज़हर धीरे-धीरे हमारे मन और तन को बीमार करने लगता है। इसके कुछ लक्षण इस प्रकार हैं:

- निरंतर चिंता और बेचैनी: जैसे कोई छात्र परीक्षा से पहले बेचैन रहता है, उसे नींद नहीं आती, मन भटकता रहता है, वैसे ही जब हम अपेक्षाओं के बोझ तले दबे होते हैं, तो हमें हर समय चिंता और बेचैनी घेरे रहती है। हमें लगता है कि हम कहीं पीछे न रह जाएँ, कहीं हमसे कोई गलती न हो जाए।
- आत्म-आलोचना और दोषारोपण: जब हम अपनी अपेक्षाओं पर खरे नहीं उतर पाते, तो हम खुद को कोसने लगते हैं। हम सोचते हैं कि हम में ही कोई कमी है, हम ही नाकारा हैं। कभी-कभी हम अपनी नाकामी का दोष दूसरों पर भी मढ़ने लगते हैं।

- ϒ असफलता का भय और परिहार: हमें लगता है कि अगर हम असफल हो गए, तो दुनिया हमारा मज़ाक उड़ाएगी, लोग हमें नीचा दिखाएँगे। इस डर से हम नए काम करने से ही कतराने लगते हैं। हम अपने कम्फर्ट ज़ोन से बाहर नहीं निकलना चाहते।
- ϒ रिश्तों में समस्याएँ: अपेक्षाओं का आत्मसंघर्ष हमारे रिश्तों को भी प्रभावित करता है। हम अपने आस-पास के लोगों से चिड़चिड़े हो जाते हैं, उनसे झगड़ा करने लगते हैं। हमें लगता है कि कोई हमें समझ नहीं रहा है।
- ϒ शारीरिक और मानसिक स्वास्थ्य पर प्रभाव: लगातार चिंता और तनाव के कारण हमें नींद न आने, सिर दर्द, भूख न लगने जैसी शारीरिक समस्याएँ हो सकती हैं। साथ ही, यह हमें अवसाद और चिंता जैसे मानसिक रोगों का शिकार भी बना सकता है।)

अपेक्षाओं के आत्मसंघर्ष से मुक्ति: मुश्किल ज़रूर है, लेकिन नामुमकिन नहीं। यह एक ऐसी यात्रा है जिसमें हमें खुद को समझना, स्वीकार करना और अपने साथ दयालु रहना सीखना होता है।

अपेक्षाओं का पुनर्मूल्यांकन: सबसे पहले तो हमें यह देखना होगा कि हम जो अपेक्षाएँ रख रहे हैं, क्या वे वास्तविक हैं? क्या उन्हें पूरा करना हमारे बस में है? अगर नहीं, तो हमें उन्हें बदलने की ज़रूरत है। जैसे, अगर आप अपने बच्चे से यह उम्मीद कर रहे हैं कि वह हर परीक्षा में सबसे ज़्यादा नंबर लाएगा, तो यह ज़रूरी नहीं कि यह हमेशा मुमकिन हो। हो सकता है कि वह पढ़ाई में अच्छा हो, लेकिन हर बार टॉप करना उसके लिए मुश्किल हो। ऐसे में आपको अपनी अपेक्षाओं को थोड़ा कम करने की ज़रूरत है। जब दूसरे हमारी अपेक्षाओं पर खरे नहीं उतरते, तो मन में एक अजीब सी बेचैनी और गुस्सा घर कर लेता है। लगता है जैसे हमें धोखा मिल गया हो, या फिर हमारी कद्र ही नहीं की गई। ऐसे में आत्मसंघर्ष तो होता ही है, साथ ही रिश्ते भी खराब होने लगते हैं। इस स्थिति से निपटने के लिए कुछ बातों का ध्यान रखना ज़रूरी है:

- ⌘ **अपेक्षाओं पर गौर करें:** क्या आपकी अपेक्षाएँ वास्तविक थीं? क्या आपने दूसरे व्यक्ति की क्षमताओं और परिस्थितियों को ध्यान में रखा था? कई बार हम बिना सोचे-समझे दूसरों से बहुत कुछ उम्मीद कर लेते हैं, जो कि मुमकिन नहीं होता।

⌘ **खुलकर बात करें:** अपनी भावनाओं को दबाने से बेहतर है कि आप सामने वाले से खुलकर बात करें। उन्हें बताएं कि आपको कैसा लग रहा है और आप क्या चाहते हैं। हो सकता है कि उन्हें आपकी अपेक्षाओं का अंदाज़ा ही न हो।

⌘ **माफ़ करना सीखें:** हर कोई गलती करता है। अगर कोई आपकी अपेक्षाओं पर खरा नहीं उतरा है, तो उसे माफ़ कर दें। माफ़ी देने से आपका मन हल्का होगा और आप आगे बढ़ पाएंगे।

⌘ **अपने आप पर ध्यान दें:** दूसरों की गलतियों के लिए खुद को कोसने से कोई फायदा नहीं है। इस बात पर ध्यान दें कि आप इस स्थिति से क्या सीख सकते हैं और आगे कैसे बेहतर कर सकते हैं।

⌘ **ज़िंदगी को हल्के में लें:** ज़िंदगी में उतार-चढ़ाव आते रहते हैं। हर चीज़ को दिल से लगाने से बेहतर है कि आप ज़िंदगी को थोड़ा हल्के में लें। हँसी-खुशी रहें और छोटी-छोटी बातों का मज़ा लें। याद रखें, दूसरों को बदलना आपके हाथ में नहीं है, लेकिन खुद को बदलना ज़रूर आपके हाथ में है। अपनी सोच और अपने व्यवहार में बदलाव लाकर आप आत्मसंघर्ष से मुक्ति पा सकते हैं और एक खुशहाल ज़िंदगी जी सकते हैं।

ॐ **स्वयं को समझना और स्वीकार करना:** हमें खुद को अपनी सारी खूबियों और कमियों के साथ स्वीकार करना होगा। हम सभी में कुछ न कुछ कमियाँ होती हैं और यह बिलकुल सामान्य है। खुद को कोसने या नीचा दिखाने से बेहतर है कि हम अपनी कमियों को स्वीकार करें और उन्हें सुधारने की कोशिश करें।

ॐ **सीमाओं को पहचानना और निर्धारित करना:** हमें यह समझना होगा कि हम हर चीज़ में सफल नहीं हो सकते। हमारी कुछ सीमाएँ होती हैं और हमें उन्हें पहचानना होगा। ठीक वैसे ही जैसे हर बर्तन में एक सीमित मात्रा में ही पानी आ सकता है, उसी तरह हम भी सब कुछ नहीं कर सकते। हमारी अपनी कुछ सीमाएँ होती हैं। जैसे, कोई शानदार गायक हो सकता है लेकिन उसे खाना पकाना न आता हो। कोई बेहतरीन चित्रकार हो सकता है लेकिन उसे तैरना न आता हो। यह ज़रूरी नहीं कि हम हर चीज़ में माहिर हों। ज़रूरी है कि हम अपनी सीमाओं को समझें और उनके अंदर रहकर ही अपनी ज़िंदगी को बेहतर बनाने की कोशिश करें।

- ॐ **आत्म-करुणा का अभ्यास:** जब हम कोई गलती करते हैं या नाकामयाब होते हैं, तो हमें खुद के साथ दयालु रहना चाहिए। खुद को कोसने या बुरा-भला कहने से कोई फायदा नहीं है। इसके बजाय, हमें खुद को समझना चाहिए और अपनी गलतियों से सीखना चाहिए।
- ॐ **सकारात्मक आत्म-चर्चा:** हमारे मन में जो विचार आते हैं, उनका हमारे जीवन पर बहुत गहरा प्रभाव पड़ता है। इसलिए, हमें हमेशा सकारात्मक सोच रखनी चाहिए और खुद से पॉजिटिव बातें करनी चाहिए। जैसे, "मैं यह कर सकता हूँ", "मैं काबिल हूँ", "मैं खुद पर भरोसा करता हूँ"।

याद रखें, अपेक्षाओं से पैदा हुए आत्मसंघर्ष से मुक्ति एक लगातार चलने वाली प्रक्रिया है। हमें हर रोज़ इस पर काम करना होगा और खुद को बेहतर बनाने की कोशिश करनी होगी।

14. "ना कहना" ना आने से पैदा हुआ आत्मसंघर्ष

ज़िंदगी में कई बार ऐसे मौके आते हैं जब हम किसी बात के लिए मना करना चाहते हैं, लेकिन "ना" कहने में हिचकिचाते हैं। यह हिचकिचाहट कई कारणों से हो सकती है, जैसे कि किसी को दुखी करने का डर, रिश्ते खराब होने का डर, या फिर समाज में अपनी छवि खराब होने का डर। लेकिन जब हम अपनी इच्छा के विरुद्ध "हाँ" कह देते हैं, तो अंदर ही अंदर एक संघर्ष शुरू हो जाता है। मन में एक आवाज़ कहती है कि हमें अपनी बात रखनी चाहिए थी, मना कर देना चाहिए था। यह आत्मसंघर्ष हमें अंदर से कमज़ोर करता है, हमारे आत्मविश्वास को कम करता है, और हमें मानसिक तनाव देता है।

कभी-कभी हम "ना" इसलिए नहीं कह पाते क्योंकि हम सबको खुश रखना चाहते हैं। मान लीजिए आपकी एक दोस्त आपसे हर हफ्ते शॉपिंग चलने के लिए कहती है, जबकि आपको पढ़ाई करनी होती है। आप मन मारकर हाँ कर देते हैं क्योंकि आपको डर है कि मना करने पर वह आपसे नाराज़ हो जाएगी। या फिर ऑफिस में आपको एक्स्ट्रा काम दे देते हैं, और आप थके होने के बावजूद भी हाँ बोल देते हैं क्योंकि आप उन्हें खुश रखना चाहते हैं। ऐसे में आप अपनी पढ़ाई या आराम का त्याग करके दूसरों को खुश करने की कोशिश करते हैं।

"ना" कहने में डर भी लगता है। कभी-कभी हमें लगता है कि अगर हमने "ना" कहा तो लोग हमसे नाराज़ हो जाएंगे, हमारी दोस्ती टूट जाएगी, या लोग हमें पसंद करना छोड़ देंगे। मान लीजिए, आपके रिश्तेदार आपसे पैसे उधार मांगते हैं, और आप उन्हें मना नहीं कर पाते क्योंकि आपको डर है कि वे आपसे रूठ जाएंगे।

"ना" कहने पर कई बार हमें अपराधबोध भी होता है। हमें लगता है कि हम किसी का दिल दुखा रहे हैं या हम स्वार्थी हो रहे हैं। मान लीजिए आपके पड़ोसी आपसे अपनी बच्ची को ट्यूशन पढ़ाने के लिए कहते हैं, और आप मना करते हैं तो आपको लग सकता है कि आप उनकी मदद नहीं कर रहे हैं और आप एक बुरे इंसान हैं।

कम आत्मविश्वास भी "ना" कहने में रुकावट बनता है। जिन लोगों में आत्मविश्वास की कमी होती है, उन्हें लगता है कि उनकी अपनी कोई राय नहीं है, या उनकी राय मायने नहीं रखती। इसलिए वे दूसरों की बात मान लेते हैं, चाहे वह उन्हें सही लगे या नहीं।

कभी-कभी हम दूसरों की उम्मीदों पर खरा उतरने के चक्कर में खुद को भूल जाते हैं। "ना" ना कह पाने की आदत हमें अंदर ही अंदर खोखला कर देती है। ज़रा सोचिए, जब आप किसी की मदद करने के लिए हाँ कहते हैं, जबकि आप थके हुए हैं या आपका मन नहीं है, तो क्या होता है? आप चिड़चिड़े हो जाते हैं, आपको गुस्सा आता है, और आपका मन किसी काम में नहीं लगता। यही मानसिक तनाव है। यह तनाव सिरदर्द, नींद न आने जैसी शारीरिक समस्याओं का रूप भी ले सकता है। इसके अलावा, जब आप हमेशा दूसरों को प्राथमिकता देते हैं, तो आपके रिश्ते भी असंतुलित हो जाते हैं। आपके दोस्त या रिश्तेदार आपकी मदद लेने के आदी हो जाते हैं और आपकी भावनाओं की कद्र नहीं करते। धीरे-धीरे, आप खुद को कम आंकने लगते हैं और आपका आत्मविश्वास कमज़ोर पड़ जाता है। आप खुद से सवाल करने लगते हैं कि "क्या मेरी कोई अहमियत है?" या "क्या मेरी भावनाएँ मायने रखती हैं?" इसलिए, "ना" कहना सीखना बहुत ज़रूरी है ताकि आप अपनी मानसिक और शारीरिक सेहत का ख्याल रख सकें और अपने रिश्तों को मज़बूत बना सकें।

"ना" कहना सीखें

ज़िंदगी में अपनी बात रखना, अपनी ज़रूरतों को समझना बहुत ज़रूरी है। कई बार हम दूसरों की बातों में आकर, उन्हें खुश करने के चक्कर में खुद को ही भूल जाते हैं। पर याद रखिए, आपकी ख़ुशी भी मायने रखती है! इसलिए "ना" कहना सीखना बहुत ज़रूरी है। लेकिन कैसे? सबसे पहले तो खुद को समझिये। आपकी सीमाएं क्या हैं? आप कितना कर सकते हैं? कहाँ तक आप किसी की मदद कर सकते हैं? इसका जवाब आपको खुद ढूंढना होगा। मान लीजिए, आपके पास पहले से ही बहुत काम है और कोई आपसे और काम करने के लिए कहता है, तो आप विनम्रता से "ना" कह सकते हैं। आप कह सकते हैं, "मुझे माफ़ करना, लेकिन इस समय मेरे पास और काम करने का समय नहीं है।" या फिर, "मैं ज़रूर आपकी मदद करना चाहता हूँ, लेकिन आज मैं यह नहीं कर पाऊँगा।" "ना" कहने में हिचकिचाइए मत, लेकिन ध्यान रखें कि आपकी बात बुरी न लगे। शुरुआत में शायद आपको थोड़ा अजीब लगे, या अपराधबोध

हो, लेकिन धीरे-धीरे आपको इसकी आदत हो जाएगी। याद रखिए, "ना" कहना कोई बुरी बात नहीं है। यह तो खुद की इज़्ज़त करना और अपनी ज़िंदगी को अपने हिसाब से जीना है। जब आप अपनी बात रखना सीखेंगे, तो आपका आत्मविश्वास भी बढ़ेगा। आप खुद को और मज़बूत महसूस करेंगे।

"ना" कहना सीखना सिर्फ़ एक शब्द कहना नहीं है, बल्कि खुद को समझने और अपनी क़द्र करने का तरीक़ा है। जब आप "ना" कहना सीख जाते हैं, तो आप अपने ऊपर होने वाले ज़्यादा बोझ से बच जाते हैं, आपका तनाव कम होता है, और आप ज़्यादा खुश रहते हैं। इससे आपका आत्म-सम्मान बढ़ता है और आप मानसिक रूप से भी स्वस्थ रहते हैं। यह समझना ज़रूरी है कि "ना" कहना आपका अधिकार है। यह आपकी ज़िंदगी है और आपको यह तय करने का पूरा हक है कि आप क्या करना चाहते हैं और क्या नहीं।

15. भविष्य की चिंताओं से पैदा हुआ आत्मसंघर्ष

ज़िंदगी एक सफ़र की तरह है, जिसमें कभी सीधी सड़क आती है, तो कभी ऊबड़-खाबड़ रास्ते। ठीक वैसे ही जीवन में भी, सुख-दुःख, उतार-चढ़ाव आते रहते हैं। जैसे गर्मी के बाद बरसात आती है, फिर सर्दी, वैसे ही जीवन में भी बदलाव आते रहते हैं। यह जीवन का स्वभाव है, जैसे नदी बहती रहती है, वैसे ही जीवन भी आगे बढ़ता रहता है। लेकिन भविष्य में क्या होगा, यह कोई नहीं जानता। अच्छी-भली खुशहाल ज़िंदगी में अचानक से कब भूचाल आ जाए, किसी को पता नहीं होता। कभी बीमारी तो कभी किसी साथ छूट जाना, अपनों का साया सर से उठ जाना, तो कभी अचानक से कोई बड़ा नुकसान हो जाना... ये ऐसी घटनाएँ हैं जो किसी के भी साथ, कभी भी हो सकती हैं। ज़िंदगी एक पल में ही बदल सकती है। यह अनिश्चितता हमें डराती है। जैसे अँधेरे कमरे में जाने से डर लगता है, क्योंकि पता नहीं वहाँ क्या है, वैसे ही भविष्य के बारे में सोचकर भी मन में डर और बेचैनी होती है। क्या पता कल क्या हो जाए? क्या मेरे बच्चे खुश रहेंगे? क्या मेरा स्वास्थ्य ठीक रहेगा? ये सवाल हमें असुरक्षित महसूस कराते हैं।

ज़िंदगी की गाड़ी जब चलती है ना, तो साथ में कई सारी चिंताएँ भी लदी होती हैं।बच्चे जब छोटे होते हैं, तो माँ-बाप उन्हें हर छोटी-बड़ी मुसीबत से बचाते हैं। गिरने से बचाते हैं, चोट लगने से बचाते हैं। लेकिन बच्चे तो बड़े होंगे ही, और उन्हें अपनी ज़िंदगी खुद जीनी होगी। माँ-बाप हमेशा उनके साथ नहीं रह सकते। यहाँ माँ-बाप के मन में एक संघर्ष शुरू होता है। एक तरफ तो वे अपने बच्चों को सारी मुश्किलों से बचाना चाहते हैं, और दूसरी तरफ वे यह भी जानते हैं कि बच्चों को स्वतंत्र होना सीखना होगा। उनका भविष्य कैसा होगा, क्या वो सही करियर चुनेंगे, कहीं वो बीमार ना पड़ जाएँ, आसपास इतनी दुर्घटनाएँ हो रही हैं, कहीं उनको कुछ हो गया तो... ये सब ख्याल मन में घुमते रहते हैं। अपने ना रहने के बाद, बच्चों का क्या होगा, कोई उनको सताएगा तो नहीं, ज़िंदगी की ठोकरें

कैसे सहेंगे... ये सोचकर परेशान होते हैं। परंतु फिर समझ आता है कि चिंता करने से कुछ नहीं होगा। बच्चों को अच्छे संस्कार देने चाहिए, उनको ज़िंदगी का सामना करना सिखाना चाहिए। उनके साथ खुश रहना चाहिए, प्यार करना चाहिए। बाकी तो ऊपरवाले के हाथ में है। वही सबकी रक्षा करता है। अपना फर्ज़ निभाते रहो, बाकी चिंता छोड़ दो।

इसी तरह बुजुर्गों का हमारे जीवन में एक विशेष स्थान होता है। वे घर की नींव होते हैं, हमें प्रेम, मार्गदर्शन और अपने अनुभवों की धरोहर देते हैं। उनके जीवन त्यागने के बाद उनके बिना जीने की कल्पना मात्र से ही मन में एक गहरा खालीपन छा जाता है। यह सोचकर कि उनके जाने के बाद घर कैसा होगा, कैसे चलेगा, कैसे उनकी कमी को पूरा करेंगे, एक अजीब सा डर और असुरक्षा मन में घर कर लेती है. हमें यह समझना होगा कि जीवन अनित्य है, और यह क्रम चलता रहेगा. हमें अपने बुजुर्गों की सीख को आगे बढ़ाना होगा, और अपने परिवार को संभालना होगा।

भविष्य की चिंता और भी कई कारणों से पैदा हो सकती है. इन कारणों को समझने की कोशिश करते हैं:

- **अनिश्चितता का भय:** ज़िंदगी एक अनजान सफ़र की तरह है. हमें नहीं पता कि आगे क्या मोड़ आएगा, क्या मुश्किलें आएँगी, क्या खुशियाँ मिलेंगी. यह अनिश्चितता हमें डराती है और चिंता पैदा करती है. यह बिलकुल ऐसा ही है जैसे हमें अँधेरे में चलने के लिए कहा जाये बिना यह जाने कि आगे क्या है.
- **नियंत्रण का अभाव:** हम सब अपने जीवन पर नियंत्रण रखना चाहते हैं. लेकिन कई बार ऐसा होता है कि चीज़ें हमारे हाथ में नहीं होतीं. यह बेबसी हमें चिंतित कर देती है. यह ऐसा है जैसे हम एक नाव में सवार हों जो बिना पतवार के तेज़ लहरों में बह रही हो.
- **अतीत के अनुभव:** हमारे अतीत के अनुभव हमारे वर्तमान और भविष्य को प्रभावित करते हैं. अगर हमें अतीत में कोई बुरा अनुभव हुआ है, तो हमें भविष्य में भी ऐसी ही स्थितियों से डर लग सकता है. यह ऐसा है जैसे एक बार आग से जलने के बाद हमें हर चमकती चीज़ से डर लगने लगता है.

ये तो इंसान का स्वभाव है कि वो भविष्य के बारे में जानने का जिज्ञासु रहता है है। जैसे हम किसी यात्रा पर जाने से पहले पूरी योजना बनाते हैं, वैसे ही हम ज़िंदगी में भी आगे क्या होगा, यह जानने की कोशिश करते हैं। लेकिन क्या यह मुमकिन है? क्या हम भविष्य में झाँक सकते हैं? बिलकुल नहीं! भविष्य तो एक बंद किताब की तरह है, जिसे कोई नहीं पढ़ सकता। और यही बात हमें बेचैन करती है। हमें पता नहीं कि कल क्या होगा। क्या हमारा बिजनेस चलेगा? क्या हम स्वस्थ रहेंगे? इन सवालों के जवाब न मिलने से हमारे मन में डर और चिंता पैदा होती है। हमें लगता है कि कहीं कुछ बुरा न हो जाए। कहीं कोई अनहोनी न हो जाए। लेकिन ज़रा सोचिए, क्या इस डर और चिंता से कुछ होगा? क्या हम भविष्य बदल सकते हैं? नहीं ना? तो फिर क्यों अपना आज खराब करें? क्यों न हम वर्तमान में जीना सीखें? जैसे एक फूल अपनी खुशबू सिर्फ आज फैला सकता है, वैसे ही हम भी सिर्फ आज को बेहतर बना सकते हैं। इसके लिए ज़रूरी है कि हम अपना आत्मविश्वास बढ़ाएं। खुद पर भरोसा रखें। मुश्किलों से न घबराएं। याद रखें, हर समस्या का कोई न कोई हल ज़रूर होता है। और अगर कभी कोई समस्या आ भी जाए, तो उसका डटकर सामना करें। घबराने से कुछ नहीं होगा। इसके साथ ही ज़रूरी है कि हम सकारात्मक सोच रखें।

www.ingramcontent.com/pod-product-compliance
Lightning Source LLC
LaVergne TN
LVHW021156160826
845679LV00024B/2139

* 9 7 9 8 8 9 7 2 4 3 6 9 3 *